TRANSFORM

TRANSFORM

ZUR REVITALISIERUNG VON IMMOBILIEN
THE REVITALISATION OF BUILDINGS

ENRICO SANTIFALLER

KSP Engel und Zimmermann Architekten

JÜRGEN ENGEL
MICHAEL ZIMMERMANN

PRESTEL
MÜNCHEN · BERLIN · LONDON · NEW YORK

INHALT
CONTENTS

VORWORT
FOREWORD   6

„REVITALISIERUNG ALS CHANCE ZUR
QUALIFIZIERUNG DES STADTBILDES"
"REVITALISATION AS AN OPPORTUNITY
TO MODIFY THE URBAN LANDSCAPE"
EIN GESPRÄCH MIT | A CONVERSATION
WITH JÖRN WALTER   8

„BESTANDSOBJEKTE VERMITTELN EMOTIONEN,
DIE NEUBAUTEN OFT NICHT BIETEN KÖNNEN"
"OLDER PROPERTIES OFTEN OOZE CHARACTER,
WHICH NEW BUILDINGS CAN'T MATCH"
EIN GESPRÄCH MIT | A CONVERSATION
WITH ULRICH HÖLLER   13

„ES GIBT KEINE LUPENREINE LÖSUNG"
"THERE'S NO PERFECT SOLUTION"
EIN GESPRÄCH MIT | A CONVERSATION
WITH MICHAEL KUMMER   17

„POTENTIALE IM BESTAND FREISETZEN"
"UNLOCKING THE POTENTIAL
OF EXISTING BUILDINGS"
EIN GESPRÄCH MIT | A CONVERSATION
WITH STEPHAN BONE-WINKEL   21

ZUKUNFTSAUFGABE REVITALISIERUNG
THE FUTURE'S IN REVITALISATION   26

PROJEKTE I
PROJECTS I   33

DEN LASTEN UND KRÄFTEN
DIE KRONE AUFGESETZT
CROWNING LOADS AND FORCES
DORMA-HAUPTVERWALTUNG, ENNEPETAL
DORMA HEAD OFFICE, ENNEPETAL   34

ERFOLGREICHE METAMORPHOSE
A SUCCESSFUL METAMORPHOSIS
GARDEN TOWERS, FRANKFURT AM MAIN   46

IN SORGFÄLTIGER ABWÄGUNG DES
NOTWENDIGEN MIT DEM SCHÖNEN
A CAREFUL TRADE-OFF BETWEEN NECESSITY
AND BEAUTY
ESWE-GEBÄUDE | ESWE BUILDING,
WIESBADEN   56

ERST KOMMT DIE ANAMNESE, DANN DIE
DIAGNOSE UND DARAUF FOLGT DIE THERAPIE
FIRST THE ANAMNESIS, THEN THE DIAGNOSIS
AND AFTER THAT, THE THERAPY
EIN GESPRÄCH MIT | A CONVERSATION
WITH RAINER HEMPEL   68

„BRANDSCHUTZEXPERTEN SOLLTEN MÖGLICHST
FRÜH IN DAS PROJEKT EINGEBUNDEN WERDEN"
"FIRE-SAFETY EXPERTS SHOULD BE BROUGHT
INTO PROJECTS AS SOON AS POSSIBLE"
EIN GESPRÄCH MIT | A CONVERSATION
WITH REINHARD RIES   75

„MAN FINDET DIE TOLLSTEN SACHEN
AN DEN UNMÖGLICHSTEN STELLEN"
"YOU FIND THE ODDEST THINGS IN THE
MOST UNLIKELY PLACES"
EIN GESPRÄCH MIT | A CONVERSATION
WITH SUSANNE TRUMPFHELLER   79

BAUEN IN GENERATIONEN
BUILDING IN GENERATIONS   83

PROJEKTE II
PROJECTE II   89

KORRIGIERT UND WEITERENTWICKELT
CORRECTED AND IMPROVED
T 11, FRANKFURT AM MAIN   90

MIT SCHWUNG
SWEEPING BACK
DISCH-HAUS, KÖLN | **DISCH BUILDING,**
COLOGNE   98

DENKMALGERECHTE NEUE NUTZUNG
NEW USE, SOUND CONSERVATION
HOCHPFORTENHAUS, KÖLN | **COLOGNE**   104

„HALB SO TEUER, DOPPELT SO GUT"
"HALF THE PRICE, TWICE AS GOOD"
ZENTRALBIBLIOTHEK DER STADTBÜCHEREI
CENTRAL MUNICIPAL LIBRARY,
FRANKFURT AM MAIN   114

ALTE NUTZUNG, NEUE BEDINGUNGEN
SAME USE, NEW CIRCUMSTANCES
ESPRIX-HOTEL, FRANKFURT AM MAIN
(HEUTE | **NOW INTERCITYHOTEL FRANKFURT**) 128

„DENKMALPFLEGER SIND BERATER
UND ANWÄLTE DES BESTEHENDEN"
"CONSERVATION OFFICIALS ARE CONSULTANTS
AND LAWYERS FOR THE EXISTING FABRIC"
EIN GESPRÄCH MIT | **A CONVERSATION**
WITH ULRICH KRINGS   134

MAN MUSS DIE SPUREN DES ALTERS
NICHT MEHR VERLEUGNEN
THE TRACES OF AGE DON'T HAVE TO BE
DENIED ANY MORE
EIN GESPRÄCH MIT | **A CONVERSATION**
WITH DIETER BARTETZKO   140

PROJEKTE III
PROJECTS III   143

EIN KESSEL BUNTES IN BERLIN MITTE
A REVITALISED HODGE-PODGE IN THE
HEART OF BERLIN
PRESSE- UND INFORMATIONSAMT DER
BUNDESREGIERUNG | **THE FEDERAL**
GOVERNMENT'S PRESS AND
INFORMATION OFFICE, BERLIN   144

WEITERE REVITALISIERTE PROJEKTE
FURTHER REVITALISED PROJECTS   158

BIOGRAFIEN DER INTERVIEWPARTNER
BIOGRAPHIES OF THE INTERVIEW
PARTNERS   161

LITERATURVERZEICHNIS
BIBLIOGRAPHY   165

BILDNACHWEIS
PHOTO CREDITS   168

VORWORT
FOREWORD

78 Prozent der Kredite im gewerblichen Immobilien-sektor seien in den ersten sechs Monaten des Jahres auf die Revitalisierung von Bestandsgebäuden gefallen.[1] Dies meldete die *Immobilien Zeitung* vor einem Jahr. Es gebe sogar, so der zitierte Thomas Beyerle, Leiter der Research-Abteilung der Deutschen Gesellschaft für Immobilienfonds (DEGI), einen „Paradigmenwechsel hin zum Bestandsobjekt". Und das nicht nur in Deutschland. In der Studie „Emerging Trends in Real Estate Europe", herausgegeben vom Londoner Urban Land Institute und PricewaterhouseCoopers, heißt es: „Many European investors and developers will be placing more focus on urban regeneration and redevelopment opportunities than in previous years."[2]

Diese Aussage unterstützen zahlreiche Artikel in Tages-zeitungen und Fachzeitschriften, aber auch unabhän-gige Untersuchungen. Und betrachtet man Mitteilungen und Berichte von Immobiliengesellschaften oder Ent-wicklern genauer, wird deutlich, dass Restrukturierung, Redevelopement oder Revitalisierung einen stetig wachsenden Anteil im Gesamtgeschäft einnehmen, ja sich manche Unternehmen vom Neubau zurückziehen und sich auf ältere Bürogebäude konzentrieren. Das Bauen im Bestand, jahrzehntelang in der Immobilien-branche unpopulär, ist eben dort angekommen. Ent-sprechend besteht in der Zunft ein großer Informations-bedarf. Stephan Bone-Winkel, Honorarprofessor für Immobilienentwicklung an der IRE | BS Regensburg und selbst ein erfolgreicher Entwickler, klagt, dass die universitäre Ausbildung immer noch auf Neubauten fokussiert. Notwendig dagegen seien interdisziplinäre Ansätze, die das Potential von Bestandsgebäuden er-kennen und in innovative Projekte umsetzen würden.

Für dieses Buch haben wir mit neun Experten gespro-chen – vom Immobilienkaufmann über den Städteplaner und den Tragwerksplaner bis zum Architekturkritiker, die uns ihre Erkenntnisse und Erfahrungen zum Thema Revitalisierung erzählt haben. Für ein Buch, das ver-sucht – gemäß dem geforderten interdisziplinären Ansatz – das Thema aus verschiedenen Blickwinkeln zu beleuchten, es mit Beispielen aus der Bestandsarbeit von KSP Engel und Zimmermann vorzustellen und die daraus gewonnenen Erkenntnisse zu formulieren. Probleme und Risiken werden dabei nicht verschwiegen –

A year ago, *Immobilien Zeitung* told us that 78 per cent of loans in the commercial property sector in the first six months of the year related to the revitalisation of existing buildings.[1] There was, according to Thomas Beyerle, head of the research department at the Deutsche Gesellschaft für Immobilienfonds (DEGI), even a "change of paradigm in the direction of existing property". This applied not only in Germany. In a study published by the London-based Urban Land Institute and Pricewaterhouse-Coopers called "Emerging Trends in Real Estate Europe", it says: "Many European investors and developers will be placing more focus on urban regeneration and develop-ment opportunities than in previous years."[2] This state-ment is supported by numerous articles in daily papers and property periodicals, and by independent investiga-tions. And if you look more closely at information and reports coming from property companies or developers, it is clear that restructuring, redevelopment or revitalisation account for a steadily increasing proportion of the total business. Indeed, in many cases companies are pulling out of new buildings to concentrate on older office buildings. Development of existing buildings, which has been un-popular in the property business for decades, has just arrived there. There is, accordingly, a great need for infor-mation in the business. Stephan Bone-Winkel, honorary professor for property development at the IRE | BS in Regensburg and himself a successful developer, laments that university training still focuses on new buildings. What is needed, he believes, is interdisciplinary approaches that recognise the potential of existing buildings and translate it into innovative projects.

For this book, we talked to nine experts, ranging from a real estate management assistant via a town planner and structural engineer to an architectural critic. They all elucidated their thoughts and experiences in connection with revitalisation, for a book that tries to turn the spotlight on the subject from different angles, in accordance with the required interdisciplinary approach, illustrating it with examples from KSP Engel und Zimmer-mann's portfolio of work with existing buildings, and formulating the insights these produced. Problems and risks are not glossed over, but the book also offers strat-egies for solutions that have proved themselves in practice.

The term revitalisation in ordinary use is not limited to the fields of planning and building. The term is also used in medicine and biology, the economy, ecology and

6

ENRICO SANTIFALLER

JÜRGEN ENGEL

MICHAEL ZIMMERMANN

ebenso wenig wie Lösungsstrategien, die sich in der Praxis bewährt haben.

Der Begriff Revitalisierung beschränkt sich im Sprachgebrauch nicht nur auf den Bereich Planen und Bauen. Die Medizin bedient sich ebenso dieses Terminus wie die Biologie, die Ökonomie ebenso wie die Ökologie oder die Soziologie. Eine alternde Gesellschaft entdeckt das, was in die Jahre gekommen ist, und erweitert inflationär die Wortbedeutungen des Begriffes: Die kosmetische Chirurgie verspricht revitalisierte Gesichter, Naturschützer erfreuen sich an revitalisierten Bachläufen und Jürgen Habermas erhofft sich in der Revitalisierung von Religion ein Mittel zum Zusammenhalt der auseinanderbrechenden Gesellschaft. Um Missverständnisse zu vermeiden, aber auch ohne die Seiten mit der Suche nach einer wissenschaftlich korrekten Definition zu füllen, sei hier gesagt, was die Autoren unter dem Terminus verstehen: Revitalisierung meint die Sanierung und den Umbau eines Bestandsgebäudes und dessen Adaption an die jeweils aktuellen technischen Vorschriften zum Zwecke einer zeitgemäßen Nutzung und somit seiner Werterhaltung bzw. Wertsteigerung.[3] Der Grad der baulichen Eingriffe geht über bloße bauunterhaltende Maßnahmen hinaus, hängt aber dabei von einer Reihe von Faktoren ab: dem Zustand des Gebäudes, dessen Image, der städtebaulichen Situation, der Relation von Aufwand und Ertrag sowie natürlich vom strategischen Ziel des Bauherrn.

Vorworte sind Dankes-Orte. Zahlreiche Personen haben in unterschiedlicher Weise zu diesem Buch beigetragen. Die Autoren möchten sich bei den Interviewpartnern bedanken sowie für ihre Hilfe bei Anja Beisiegel, Stephan Gather, Kerstin Krämer, Ulrich Kröner, Barbara Lösel, Peter Maul, Diether Mehlo, Thomas Sanders, Doris Santifaller, Jo Sollich, Lars Stapler, Simone Walser und Volker Weigand. Herauszuheben ist Anke Wünschmann. Ohne ihr passioniertes Engagement, ihr Durchhaltevermögen, ihre Ideen wäre dieses Buch nie entstanden.

sociology. An ageing society is discovering everything that has grown middle-aged with it, and has expanded the meanings of the term in inflationary fashion. Cosmetic surgeons promise revitalised faces, conservationists take pleasure in revitalised waterway courses, and Jürgen Habermas looks to the revitalisation of religion as a means to hold together a society that is falling apart. To avoid misunderstandings without filling the pages with a quest for an academically watertight definition, it should be said here what the authors understand by the term: revitalisation means the refurbishing and conversion of existing buildings and upgrading them to current technical standards for the purpose of some contemporary use or other, thereby maintaining or increasing their value.[3] The degree of structural intervention goes beyond straightforward maintenance measures, but depends on a series of factors: the condition of a given building, its image, its situation in urban development terms, the relationship between expenditure and return, and, of course, the strategic objectives of the client.

Forewords are where thanking gets done. Numerous people have contributed to this book in different ways. The authors would like to thank the interviewers, and the following for their assistance: Anja Beisiegel, Stephan Gather, Kerstin Krämer, Ulrich Kröner, Barbara Lösel, Peter Maul, Dieter Mehlo, Thomas Sanders, Doris Santifaller, Jo Sollich, Lars Stapler, Simone Walser and Volker Weigand. Anke Wünschmann should be singled out. Without her drive, tenacity and ideas, the book would never have got off the ground.

1 *Immobilien Zeitung* 2007.

2 Urban Land Institute 2007.

3 Andere Definitionen bei Lederer 2007, S. 31–35.

1 *Immobilien Zeitung* 2007

2 Urban Land Institute 2007

3 For other definitions, see Lederer 2007, pp. 31–35

„REVITALISIERUNG ALS CHANCE ZUR QUALIFIZIERUNG DES STADTBILDES"
"REVITALISATION AS AN OPPORTUNITY TO MODIFY THE URBAN LANDSCAPE"

EIN GESPRÄCH MIT JÖRN WALTER, OBERBAUDIREKTOR DER HANSESTADT HAMBURG

A CONVERSATION WITH JÖRN WALTER, SUPERINTENDENT OF WORKS, HAMBURG

Herr Prof. Walter, die Bundes- wie die Kommunalpolitik will den Flächenneuverbrauch bis zum Jahr 2020 auf 30 Hektar pro Tag reduzieren. Der Koalitionsvertrag enthält den Zusatz, dass für ein Flächenressourcen-management finanzielle Anreizinstrumente entwickelt werden sollen. Wie stellt sich dieser Wille auf der Ebene eines Bundeslandes bzw. eines Stadtstaates dar? Und welche Rolle spielen dabei Revitalisierungen?
Die Diskussion über die geeignete Förderung läuft. Da gibt es das klassische Instrumentarium, z. B. Sanierungs- und Entwicklungsmaßnahmen, mit denen man auch schon heute die Flächenreduzierung fördern kann. Da dies bisher allerdings noch nicht die entsprechenden Wirkungen erzeugt hat, überlegt man sich, das ange-strebte Ziel mit zusätzlichen Maßnahmen zu erreichen. Wir bemühen uns in Hamburg, den Flächenverbrauch durch Konversionsmaßnahmen deutlich zurückzu-schrauben. Aber dies ist ein konfliktträchtiges Feld, da wir gewisse Flächenbedarfe haben, die im Bestand nicht ganz gedeckt werden können. Zudem sind Flächenkonversionen nicht billig. Meist sogar teurer als die Entwicklung einer freien Fläche.

Hängt das mit kontaminierten Böden zusammen?
Richtig, es gibt Verunreinigungen der Böden durch gesundheitsgefährdende Stoffe. Dann Rückbaumaß-

Professor Walter, both federal and local policy is to reduce the consumption of new land to 30 ha. per day by 2020. The coalition agreement contains the addendum that financial incentives need to be developed for land resource management. How does this policy work out at state government or city state level? And what role does revitalisation play in that?
Discussions about suitable incentives are under way. There are already the classic tools, for example, renova-tion and development schemes, with which we can already encourage land-use reduction. Though because these haven't had the right sort of effect so far, we're consider-ing whether we could reach the objective we're aiming for with additional measures. In Hamburg, we're trying to curb the use of land appreciably by conversion measures. But that's a very controversial area, as we have some kinds of land requirement that can't be entirely satisfied from existing stocks. And anyway, converting land is not cheap. It's generally even more expensive than developing unbuilt land.

Has that to do with contaminated soil?
Correct, the soil may be contaminated by hazardous materials. Then there may also be some dismantling in-volved. Or the necessity to prepare land for new uses, which also involves some costs. Ultimately, development

‹
Apollo Theater, Siegen

nahmen, die anstehen. Oder die Notwendigkeit, Flächen für neue Nutzungen herzurichten, die auch nicht ganz kostenfrei sind. Schließlich ist die Entwicklung auch von der Lage abhängig. Da gibt es Gegenden, in denen das ökonomisch funktioniert – in aller Regel hochpreisige Gebiete – und Gegenden, in denen die Wertdifferenzen zu gering sind. Wir liegen in Hamburg in Spitzenlagen bei Büromieten von 24 Euro den Quadratmeter – das ist dann schon die oberste Etage mit Fernblick über den gesamten Hafen. Man muss sich den Standort schon genau ansehen – denn die Kosten sind ja ähnlich: Ob ich z. B. die Schienen in München zurückbaue oder in Hamburg, das kostet annähernd dasselbe.

Alle Welt spricht von schrumpfenden Städten und vom demographischen Wandel. Hamburg hat sich dagegen das Leitbild der „wachsenden Stadt" gegeben. Welche Rolle spielen in diesem Zusammenhang Flächenkonversion und Revitalisierung?
Die politische Zielsetzung der wachsenden Stadt ist nicht nur quantitativ, sondern vor allem qualitativ gemeint. Wir haben selbst viele Flächen angekauft, vom Bund und von der Bahn zum Beispiel. Wir investieren viel Geld in die Entwicklung der Hafenflächen, wir setzen zum Sprung über die Elbe an, wo wir eine Internationale Bauausstellung planen. Wir richten unsere Stadtentwicklungspolitik nach innen aus. Doch ich plädiere für eine differenzierte Sicht auf die Dinge, man muss sich die verschiedenen Rahmenbedingungen in den Städten anschauen, bevor man urteilt. Ein Problem ist der Wohnungsmarkt, auf dem wir für eine sehr differenzierte Nachfrage ein vielseitiges Angebot brauchen. Für den Bedarf an Büroflächen sehe ich kaum die Notwendigkeit, in die Außenbezirke zu gehen. Es gibt aber noch andere Sektoren, da ist es sehr viel schwieriger, den Bedarf mit Bestandsflächen abzudecken – das ist z. B. der Bereich der Logistik. Dieser Flächenbedarf ist kaum im Bestand unterzubringen.

In einem Architekturführer, der die gelungensten Bauten der jüngsten Vergangenheit vorstellt, nehmen Revitalisierungen einen erheblichen Teil ein. Gibt es da genaue Zahlen, welchen Anteil Revitalisierungen in der gesamten Bautätigkeit in Hamburg einnehmen?
Ich kann keine exakten Zahlen nennen, weil es immer darauf ankommt, wie die Statistik geführt wird. Ist das

is also dependent on location. There are areas in which it's viable – generally high-priced areas – and other districts where the value differentials are too low. In Hamburg, we're in the top bracket, with office rents of 24 euros per square metre – that's for a top-floor property with a panoramic view over the whole harbour. You have to pinpoint the location precisely, because the costs are similar: if I'm dismantling railway tracks in Munich or Hamburg, the costs are roughly the same.

Everyone's talking about shrinking cities and demographic change. Hamburg, in contrast, has adopted the image of a growing city. What's the role of converted land use and revitalisation in this context?
The political objective of a growing city is intended not only quantitatively but, above all, qualitatively. We ourselves have bought a lot of land, for example, from the federal government and the railways. We're investing a lot of money in the development of harbour land; we're ready to cross the Elbe, where we're planning an international construction exhibition. Our urban development policy is directed inwards. But my plea would be for a differentiated view of things. You have to look at the variety of overall conditions in cities before developing an opinion. One problem is the residential market, where we need a wide range of homes for a very differentiated market. With regard to the demand for office space, I don't really see any necessity to head for the outskirts. But there are other sectors where it's much more difficult to meet requirements from existing land – for example, the logistics business. The need for land there can hardly be met from existing stocks.

An architectural guide presenting the most successful buildings of the recent past contains a considerable

eine Bestandsimmobilie, die umgebaut wird? Oder ist das juristisch ein Neubau, bei dem nur die Fassade erhalten wird? Das geht aus der Baugenehmigungsstatistik nicht hervor. Nach meiner Wahrnehmung ist es so, dass etwa ein gutes Drittel der neuen Büroflächen aus Revitalisierungen stammt. Im Wohnungssektor liegt der Anteil in Bezug auf die Flächen natürlich deutlich höher. Wenn es aber um den echten Zuwachs an Wohnungen geht, bedingt durch Wohnungsvergrößerungen etc., ist der Anteil deutlich niedriger.

Aber gibt es da auch Druck von Ihnen, von Seiten der Stadtentwicklungsbehörde?
Ja, aber in Wahrheit ist es ein ökonomisches Thema. Wir haben sehr positive Erfahrungen gemacht, aber wirklich schwierig wird es in dem Augenblick, wo es um Immobilienbestände aus den späten 50ern, den 60ern und 70ern geht. Wegen ihrer Grundrisskonfiguration sind diese Immobilien teilweise äußerst schwer vermietbar. Wenn man sie noch als normalen Einbund oder Zweibund organisieren kann, dann klappt es meistens. Aber bei achteckigen Grundrissen, bei diesen kaum veränderbaren Großraumbüros, da sind die Grenzen für Investoren schnell erreicht.

Wie bewerten Sie den durch Revitalisierung ermöglichten Rückgriff auf das bauliche Erbe vor dem Hintergrund der Rekonstruktionssehnsucht?
Ganz klar: Revitalisierung geht vor Rekonstruktion und kann das Bedürfnis danach eindämmen helfen. Aber auch das muss man differenziert sehen. Bauten aus der Zeit vor dem Zweiten Weltkrieg haben im Bewusstsein des Bürgers einen hohen Stellenwert. Aber nach wie vor tut sich die Gesellschaft schwer bei den Hinterlassenschaften der 50er und 60er Jahre.

proportion of revitalisations. Are there precise figures available showing revitalisation's share within construction activity as a whole in Hamburg?
I can't give you any exact figures because it all depends on how statistics are kept. Is it an existing building that's being converted, or is it legally a new building where only the façade is being retained? You can't tell that from the building permit statistics. In my perception, at least a third of new office space comes from revitalisation. In the residential sector, the proportion is distinctly higher, of course, in relation to floor space. But if it's about of real growth in homes, the figure is much lower because of home extensions.

But is there any pressure from you – from the urban development authority?
Yes, but in fact that's an economic matter. We've had very positive experiences, but it gets very difficult as soon as property from the late 50s, 60s and 70s is involved. Because of their ground plan configuration, these properties are in some cases very difficult to rent out. If they can be organised as normal single-cube or double-cube structures, it generally works. But with octagonal ground plans and these open-plan offices that can scarcely be changed, you soon reach a limit for investors.

How do you rate the return to heritage architecture that revitalisation allows at a time when there's such a desire for reconstructions?
It is quite clear that revitalisation has priority over reconstruction and can help to check the need for it. But even there you need to distinguish. Pre-World War II buildings rate highly in public esteem. But society continues to make heavy weather of the legacy of the 50s and 60s. It's now a matter of carrying on with the fabric – even if we don't approve of it in urban planning terms. On the other hand, I find it wrong to preserve things that have not proved their worth. If we can't save buildings, the reason for that is they're just not possible to rent out any more. In City North, for example, we have low-quality industrial buildings. If the cost of revitalising these buildings clearly exceeds the cost of a new building, it would be economic nonsense to preserve them.

Public policy is – and there's a broad consensus on this point – to reduce not only the consumption of land but

Es kommt jetzt darauf an, mit der Substanz weiter zu arbeiten – selbst wenn man das städtebaulich nicht für richtig hält. Andererseits finde ich es falsch, Dinge, die sich nicht bewährt haben, um jeden Preis zu bewahren. Wenn wir die Gebäude nicht retten können, dann liegt der Grund darin, dass sie überhaupt nicht mehr vermietbar sind. Wir haben in der City-Nord beispielsweise Gewerbebauten von minderer Qualität. Wenn bei diesen Gebäuden der Aufwand für eine Revitalisierung den für einen Neubau deutlich überschreitet, wäre es ökonomisch unvernünftig, sie zu erhalten.

Politisches Ziel ist es, und darüber besteht ein breiter Konsens, nicht nur den Flächenkonsum, sondern auch den Energiebedarf gerade auch bei den Gebäuden zu reduzieren. Was bedeutet das für den Bestand der Gewerbeimmobilien?
Tatsächlich ist die energetische Problematik – insbesondere der energetische Aufwand für Kühlung – in den letzten Jahrzehnten vernachlässigt worden. Dennoch muss man in den Städten die Gesamtbausubstanz zusammenzählen: 70 % davon sind Wohnungen, 20 % Bürobestände und die restlichen 10 % sind Kultur- und sonstige Bauten oder Spezialimmobilien. Wenn man diese Größenordnung betrachtet, dann ist der Wohnungsbestand der dominanteste Sektor. Und deshalb konzentriert sich die Förderung des Bundes und der Bundesländer neben sozialen Motiven auf den Wohnungsbestand. Was die Gewerbeimmobilien betrifft: Es ist nicht so, dass wir gar keine Hilfen anbieten. Es gibt Programme und eine Reihe von Angeboten. Allerdings fördern wir im Bereich der Büroimmobilien keine klassische Wärmedämmung oder Ähnliches, da sich diese Maßnahmen in aller Regel in üblichen Abschreibungszeiten selbst amortisieren.

Herr Professor Walter, wir danken für dieses Gespräch.

Das Gespräch mit Jörn Walter wurde am 7. März 2007 in Hamburg in den Räumen der Behörde für Stadtentwicklung und Umwelt von Enrico Santifaller und Anke Wünschmann geführt.

also the consumption of energy, particularly in buildings. What does this mean for old industrial buildings?
The energy issue – particularly the cost of energy for cooling – really has been neglected in recent decades. Even so, you have to tot up the total stock of buildings in cities: 70 per cent of them are homes, 20 per cent of them are offices, and the remaining 10 per cent cultural or other buildings or special properties. When you look at these orders of magnitude, then the stock of homes is the dominant sector. That's why support from the federal government and the federal states concentrates on the stock of homes, quite apart from social motives. As far as industrial property is concerned, it's not true that we don't offer any help at all. There are programmes and a range of schemes. Though we don't in fact support any classic heating insulation or the like in the case of office properties, as such measures generally pay for themselves within the usual depreciation periods.

Thank you for the conversation, Professor Walter.

Enrico Santifaller and Anke Wünschmann talked to Jörn Walter at the Urban Development and Environment Office in Hamburg on 7 March 2007.

„BESTANDSOBJEKTE VERMITTELN EMOTIONEN, DIE NEUBAUTEN OFT NICHT BIETEN KÖNNEN"
"OLDER PROPERTIES OFTEN OOZE CHARACTER, WHICH NEW BUILDINGS CAN'T MATCH"

EIN GESPRÄCH MIT ULRICH HÖLLER, CEO DER DEUTSCHE IMMOBILIEN CHANCEN (DIC)
A CONVERSATION WITH ULRICH HÖLLER, CEO OF DEUTSCHE IMMOBILIEN CHANCEN (DIC)

Herr Höller, was sind ihrer Ansicht nach die Folgen von Basel II für die Immobilienbranche?
Basel II hat die ganze Branche umstrukturiert. Früher haben die Entwickler kaum mit Eigenkapital gearbeitet. Wenn überhaupt, dann nur mit Bürgschaft. Lief das Projekt gut, hat der Entwickler verdient; wenn nicht, verlor er u. U. seine Bürgschaft, aber das große Risiko hatte die Bank. Heute bekommen Sie von keiner Bank einen Kredit ohne Eigenkapitalquote von mindestens 20 bis 30 Prozent. Investoren agieren deshalb überwiegend mit Objektgesellschaften. Diese werden mit Eigenkapital ausgestattet und beantragen von der Bank die Fremdmittel. Wenn etwas schiefgeht, haben wir eine Menge Geld verloren, allerdings wird nicht das ganze Unternehmen negativ beeinflusst. Das nennt man „non recourse" – d. h. ausschließlich Haftung durch das eingesetzte Eigenkapital. Darüber hinaus sind seit Basel II viele internationale Investoren auf dem deutschen Markt. Das hat zur Konsequenz, dass eine Reihe von kleineren Entwicklern wieder Marktpotentiale entdecken. Sie haben Immobilien-Kompetenz, die sie entweder als Dienstleister oder durch Beteiligung an einem Projekt nutzen. Diese ganze Umstrukturierung der Immobilienbranche ist aber erst der Anfang. Die REIT-Gesetzgebung wird auch dazu führen, dass Immobilien noch stärker ein Kapitalmarktthema werden.

Mr Höller, what in your view are the consequences of Basel II for the property industry?
Basel II has restructured the whole business. Previously developers hardly used equity capital. If they did, it was only with a surety. If the project went well, the developer made money: if not, he might lose his surety, but the major risk was the bank's. These days, no bank will give you a loan without an equity ratio of at least 20 to 30 per cent. Investors therefore work predominantly with special purpose entities. These are endowed with equity capital and apply to the bank for loan capital. If something goes wrong, we've lost a pile of money, but the business as a whole is not negatively influenced. That's called 'non-recourse' – that is to say, exclusively liability in terms of equity capital employed. On top of that, there have been many international investors in the German market since Basel II. The consequence thereof is that a series of smaller developers have rediscovered potential markets. They have property skills that they use either as service providers or by investing in projects. But this wholesale restructuring of the property industry is just the beginning. The REIT Act will also mean property becoming an even hotter topic in the capital markets.

An interesting consequence of this change is the growing interest in the development of older properties. Has DIC,

Eine interessante Folge dieser Veränderung ist das wachsende Interesse an Bestandsentwicklungen. Hat sich zum Beispiel die DIC auf die Revitalisierung von Bestandsobjekten spezialisiert?

Wir haben drei Geschäftsfelder, die sich in der Risiko-Ertrags-Allokation unterscheiden: Das Größte davon ist das Bestandsgeschäft; es ist vor allem ein risikoarmes, stabiles Cashflow-Geschäft. Das zweite Geschäftsfeld ist das risikoreichere Development – bei Erfolg sehr ertragreich. Das dritte Geschäftsfeld nennt sich opportunistische Investments – oft eine Mischform aus beiden oder auch Immobilienbeteiligungsgeschäfte. Wir kaufen z. B. bewusst Leerstände zum Großhandelspreis, die wir revitalisieren und/oder aktiv managen bzw. zum Einzelhandelspreis auch wieder verkaufen.

Welche Vorteile bieten Bestandsimmobilien darüber hinaus?

Bei der aktuellen Marktsituation haben Bestandsobjekte einen Marketingvorteil: Sie vermitteln oftmals Emotionen, die Neubauten nicht bieten können. Sie stehen selten ganz leer – sind also mit Cashflow besetzt. Daher kann man die Entwicklung relaxter angehen. Bei einem Neubau bezahlt man ein Grundstück, man gibt Geld für Architekten, Fachplaner etc. aus, um Baurecht zu schaffen. Die Zinsuhr tickt, jede Verzögerung kostet Geld. Wir dagegen haben das Asset- und Property-Management und die Developer in einem Haus. Wenn also im Bestandsgeschäft mal zwei-, dreitausend Quadratmeter leer stehen, werden unsere Developer aktiv. Die Grenzen zwischen Asset- und Property-Management und Projektentwicklung in Bezug auf Bestandsimmobilien sind fließend. Bei Cashflow kann man eine Vision entwickeln und sich in Ruhe mit den aufkommenden Problemen und Fragestellungen auseinandersetzen.

Der Bestandsschutz bietet, wie der Name schon sagt, einen gewissen Schutz. Aber ist er nicht manchmal lästig?

Ich stehe dem Bestandsschutz grundsätzlich positiv gegenüber: Er bietet einfach für den Investor im Vergleich zum Neubau Investitionssicherheit. Neben dem Marketingaspekt der Emotionalisierung schafft der Bestandsschutz Klarheiten, was Nachbarschaftsrecht und Planungsrecht betrifft. Das ist für den Investitionszyklus extrem wichtig. Darüber hinaus sind Bestandsgebäude verkehrstechnisch und infrastrukturell

for example, specialised in the revitalisation of older properties?

We have three fields of business that are distinguished according to the allocation of risk vs. return. The biggest of these is the older buildings business: that's mainly a low-risk, stable cash flow business. The second business field, developments, is riskier but, if successful, offers high return. The third field is called opportunist investments – and is a mixture of the other two or property participation business. For example, we buy empty properties at a wholesale price, and revitalise and/or actively manage them or sell them on at a retail price.

What other advantages do older properties offer?

In the current market situation, older properties have a marketing advantage: they often ooze character, which new buildings can't match. They are rarely wholly empty – so they come endowed with cash flow. That means you can set about the development in a more relaxed way. With a new building, you pay for land, you pay for the architects and consultants, and so on, in order to get development rights. In the meantime, the interest clock is ticking away and any delay costs money. We, however, have asset and property management and the developers in one building. So if 2,000 to 3,000 square metres are sitting empty in the older building business, our developers get to work. The boundaries between asset and property management versus project development are blurred in respect to existing properties. With cash flow, you can develop a vision and then take time to deal with problems and issues that arise.

Provision for the safeguarding of existing standards offers, as the name suggests, a certain degree of protection.

erschlossen und befinden sich in der Regel an bereits etablierten Standorten. Zusätzlich spart der bereits bestehende Bau Bauzeit und Baukosten.

Man kann aber auch mit einem guten Neubau einen Standort kreieren. Bei Bestandsimmobilien sind die Möglichkeiten einer Veränderung ungleich kleiner.
Es zählt einmal mehr das Risiko-Ertrags-Profil. Im Zweifel hat man die Chance auf eine höhere Rendite. Bei einem Neubau kann man mehr gestalten, man hat nicht so viele Restriktionen. Auf der anderen Seite sind es genau diese Restriktionen, die den Ertrag sichern. Natürlich bestehen bei Bestandsimmobilien große Einschränkungen in Bezug auf neue Nutzeranforderungen. Man hat häufig Probleme – von Deckenhöhen über Stützen, die im Raum stehen, bis zu ungünstigen Flächenzuschnitten. Die hindern Sie, Handels- bzw. Gastronomiekonzepte oder Bürokonzepte umzusetzen. Und das mindert dann auch die Renditen.

Die DIC hat aktuell mehrere Gebäude in der Frankfurter Innenstadt in ihrem Portfolio, die derzeit revitalisiert werden. Inwieweit spielt das Standortimage eine Rolle?
Das „Bienenkorbhaus" etwa an der Zeil ist ein Musterbeispiel für Bauen im Bestand: komplex, mit relativ vielen Mietern, eine komplizierte Baustelle an prominenter Stelle, auf der anderen Seite aber auch ein Neubau mit Sanierung. Schon der prägnante, überall bekannte Name. Dann die Lage: Es dürfte an so einem Standort nie mehr so gebaut werden, oder es gäbe unendliche Diskussionen in der Öffentlichkeit. Schließlich die Restriktionen – all die Nachteile, die ich eben genannt habe. Denn der Hauptertragsbringer der Immobilie ist nun mal durch die Lage an der hochfrequentierten Zeil der Einzelhandel. Und allein durch

But isn't it sometimes more of a nuisance?
Basically, I regard such protection positively. It simply offers the investor security of investment compared with a new build. Along with the marketing aspect of character, this safeguard creates clarity as far as neighbourhood law and planning law are concerned. That's extremely important for the investment cycle. In addition, existing buildings are a known element as far as transportation issues and infrastructure are concerned, and generally find themselves in already established locations. In addition, the fact that they already exist saves construction time and construction costs.

But you can also create a location with a good new building. With existing properties, the possibilities of change are incomparably smaller.
Once again, the risk/return profile does matter more. If there's any doubt you have an opportunity for a higher yield. With a new building, you can use more design, and you don't have so many restrictions. On the other hand, it is precisely these restrictions that guarantee the yield. Of course, with existing properties there are major constraints with regard to new-user requirements. You often get problems – from ceiling heights via supports in the room to an awkward division of floor space. These prevent you from implementing trading or catering schemes or office schemes. And that also reduces the yields.

At the moment, DIC has several buildings in central Frankfurt in its portfolio that are currently being revitalised. How far does the location image play a part?
The Bienenkorbhaus, for example, in the Zeil shopping street is an exemplary case of reusing an existing building: complex, with a relatively large number of tenants, a complicated building site in a prominent position but, on the other hand, also a new building with renovation. The name itself is striking and known everywhere. Then there's the location: you'd never be able to build like that again in a place like that, or there'd be endless public discussions. Finally, the restrictions – all the disadvantages that I've just mentioned. Because the main income generator in the property is now retailing, thanks to the location in the very busy Zeil. And the name alone means everyone knows where the building is. That means a high degree of awareness and an enormous marketing effect.

den Namen kann jeder dieses Gebäude verorten. Das bedeutet eine hohe Aufmerksamkeit und einen enormen Marketingeffekt.

Einige der für die Frankfurter Baugeschichte wichtigen Gebäude wurden in den vergangenen Jahren abgerissen. Eine wirtschaftlich tragfähige Revitalisierung dagegen bedeutet, dass solche Bauten erhalten werden können.
Als Bürger habe ich auch einen ästhetischen Anspruch. Ich finde das Gebäude in der Hasengasse – die heutige Stadtbibliothek – attraktiv in seinem zeitlosen Gewand. Wegen der Wirtschaftlichkeit haben wir da gar nicht viel verändert. Das Gebäude um zwei Geschosse aufzustocken, hätte komplexe Diskussionen mit der Stadt und Nachbarn gegeben. Und viel Zeit gekostet. Der Internal Rate of Return, mit dem die Kaufleute den Erfolg einer Investition berechnen, hatte vor Basel II in der Immobilienbranche keine Rolle gespielt, weil kein Eigenkapital verwendet wurde. Heute dagegen rechnet man anders: Vielleicht würde ich eine höhere Miete bekommen, aber wenn ich durch Diskussionen oder Konflikte fünf Monate verliere, in denen mein Kapital brachliegt und nicht verzinst wird, dann ist gegebenenfalls meine wirtschaftliche Kennzahl schlechter.

Wir haben über Stadtimmobilien gesprochen, von 1a-Lagen. Wie gehen Sie aber mit Bestandsimmobilien um, die sich am Stadtrand, in weniger attraktiven Lagen befinden?
Wir betrachten das als reine Investitionsrechnung: Was ist die Hülle wert? Ist das Gebäude in 1b-Lage oder in 2c-Lage wirklich wiederverwertbar? In welchem Zustand befindet sich die Bausubstanz? Man hat ja immer zwei Kostenfaktoren: den Abriss und dann den Neubau. Ich habe da eine ganz pragmatische Haltung. Gebäude in einer 2c-Lage werden von 2c-Mietern genutzt. Das heißt, in einem unattraktiven Gewerbegebiet sollte man keinen Palast bauen, weil sich kein entsprechender Mieter fände. Das ist eine wirtschaftliche Überlegung. Man muss standortabhängig entscheiden – und entsprechend muss die Architektur sein.

Herr Höller, wie danken für dieses Gespräch.

Mit Ulrich Höller sprachen Jürgen Engel, Enrico Santifaller und Anke Wünschmann am 16. Februar 2007 im Frankfurter Büro von KSP Engel und Zimmermann.

Some buildings of importance in the architectural history of Frankfurt have been demolished in past years. But an economically viable revitalisation means that such buildings can be preserved.
As a citizen, I also have my own aesthetic expectations. I find the building in Hasengasse, for example – now the City Library – attractive in its timeless guise. For viability reasons we didn't change much there. Adding two storeys to the building would have meant tricky negotiations with the city and the neighbours – and cost a lot of time. Prior to Basel II, the internal rate of return with which business people calculate the success of an investment would have played no part in the property business because no equity capital was used. Today, the calculations are different: perhaps I'd get a higher rent, but if discussions or conflicts mean I lose five months while my capital is lying fallow and not earning interest, then the numbers are distinctly worse.

We've talked about city properties in prime 1a locations. But how do you handle older properties on the outskirts or in less attractive locations?
We look on them as a pure investment calculation. What's the shell worth? Is a building in a 1b or a 2c location really a goer? What's the state of the fabric? There are always two cost factors: demolition and then rebuilding. I take a wholly pragmatic attitude to that. Buildings in a 2c location are used by 2c tenants, in other words, you don't build a palace in an unattractive industrial area, because you won't find tenants. That's a business consideration. You have to decide according to the site – and the architecture has to match.

Thank you for this conversation, Mr Höller.

Talking to Ulrich Höller at the Frankfurt offices of KSP Engel und Zimmermann were Jürgen Engel, Enrico Santifaller and Anke Wünschmann on 16 February 2007.

„ES GIBT KEINE LUPENREINE LÖSUNG"
"THERE'S NO PERFECT SOLUTION"

EIN GESPRÄCH MIT MICHAEL KUMMER, LEITER DER BAUAUFSICHT, FRANKFURT AM MAIN
A CONVERSATION WITH MICHAEL KUMMER, HEAD OF THE BUILDING INSPECTORATE, FRANKFURT AM MAIN

Es ist derzeit ein regelrechter Trend zur Revitalisierung gewerblicher Immobilien zu verzeichnen. Was, Herr Dr. Kummer, sind die Gründe für diesen Trend?
In der Bundesrepublik, in Frankfurt ganz besonders, gibt es relativ große Bürobestände aus den 60er und 70er Jahren. Die haben jetzt einen Grundsanierungs-bedarf – schon wegen der Haustechnik. Eine nicht wachsende Gesellschaft befasst sich eben mit den Beständen. Wo sie revitalisierungsfähig sind, werden sie revitalisiert. Der Neubau dagegen ist seit etwa zwanzig Jahren eine Randerscheinung. Er ist entweder Austausch von Substanz oder er findet im gewerblichen Bereich statt. Die Gebäude, von denen wir sprechen, stellen für uns bautechnisch besondere Herausfor-derungen dar. In der Vergangenheit waren wir geschult mit denkmalpflegerischen Themen, mit Bauten aus dem 18. oder 19. Jahrhundert, die stark emotional besetzt sind und so auch einen gewissen Marketing-vorteil bilden. Die Bauten der Nachkriegsmoderne dagegen sind in der Öffentlichkeit als nicht so wertvoll verankert, obwohl man feststellen kann, dass sich das mit den Generationen ändert. Was ich persönlich entsetzlich finde, sind für meine jüngeren Mitarbeiter „Ikonen".

There's currently a real fashion for revitalising commer-cial properties. What are the reasons for this trend, Dr. Kummer?
In the Federal Republic, especially in Frankfurt, there are relatively large numbers of existing office buildings from the 60s and 70s. These are currently in need of thorough refurbishment – particularly the technical installations. A population that is not increasing focuses on existing buildings. Where they are capable of refur-bishment, they are being refurbished. For the last 20 years, however, new-builds have been a marginal phenomenon. They're either cases of demolish and rebuild, or take place in industrial areas. The buildings we're talking about constitute a particular challenge for us in structural engineering terms. In the past, we cut our teeth on con-servation problems, with buildings from the 18th or 19th centuries, which had strong character and therefore a certain marketing advantage as well. The buildings of post-war modernism, on the other hand, are not so highly rated by the public, although you do notice that changing with the generations. Things I personally find awful, my younger colleagues see as icons.

Objection: the converted Central library in Hasengasse, a typical 50s' building, has had very positive resonance among politicians and the press.

Einspruch: Die umgebaute Zentralbibliothek in der Hasengasse, ein typisches 50er-Jahre-Gebäude, hat in Politik und Presse eine positive Resonanz erfahren.
Die Hasengasse ist in seiner Zeit ein relativ konservatives Gebäude. Das Chase-Manhattan-Hochhaus war dagegen beispielsweise eines der Gebäude, das mich in jungen Jahren veranlasst hat, Bürgerinitiativen zu unterstützen. Heute finde ich das Haus ziemlich gut. Es ist ein Musterbeispiel einer Revitalisierung. KSP ist respektvoll mit der Architektur von Max Meid umgegangen. Man muss sich das Verständnis für diese Gebäude erarbeiten – von der architektonischen Seite, von der baugeschichtlichen Seite, aber auch unter den Aspekten der Bauphysik und der Gebäudetechnik. Diese Gebäude stellen ganz neue Anforderungen an die Planer – aber natürlich auch an die Öffentlichkeit, an die Politik und an die Verwaltung. Das ist ein ständiger Lernprozess von allen Seiten.

Wie können Städte von dieser Revitalisierungswelle profitieren?
Das Bauen auf der grünen Wiese ist in den Verdichtungsräumen der Bundesrepublik die Ausnahme. Es gab im Zuge der Wiedervereinigung einige Flächenneuausweisungen, das variiert aber von Stadt zu Stadt. In Frankfurt haben wir zwar einen immensen Modernisierungsdruck im gewerblichen Bereich. In einer längerfristigen Perspektive sind die Arbeitsplatzzahlen hier aber relativ stabil. Alles, was die Stadt prägt, sind Anpassungen an Globalisierungsprozesse – aber keine Wachstumsprozesse. Letztlich also eine Revitalisierung von Flächen. Und das ist auch die Zukunftslinie, die von der Stadtplanung unverändert gepflegt wird. Alle unsere Stadtteile haben ja mehr oder weniger ausgeprägte Mängel und Revitalisierungen sind die einzige Chance, diese Mängel zu beseitigen. Das sind im Westend hauptsächlich ästhetische Mängel und das sind im Gallus oder in Sossenheim ganz handgreifliche sozial-strukturelle Mängel.

Wer betreibt die Revitalisierungen? Wird beim Umbau ein neues Image angestrebt?
Es gibt zwei Gruppen: Die Eigennutzer sind an die Fläche gebunden, weil sie noch die Produktion daneben haben oder das Gebäude einfach ihre Unternehmensadresse ist. In Frankfurt zum Beispiel die Messe oder die

That building was a relatively conservative building for its day. The Chase Manhattan building, on the other hand, was an example of a building that prompted me, when I was younger, to support a civic action. Today, I find the building rather good. It's an exemplary case of revitalisation. KSP treated Max Meid's architecture with respect. You have to develop an understanding of this building – both for its architecture and its building history but also in terms of construction physics and technical installations. These buildings make quite new demands on designers – but also on the public, politicians and administrative authorities. It's a constant process of learning on all sides.

How can cities benefit from this wave of revitalisation?
Building on a green belt is an exception in densely populated areas of the Federal Republic. There was some reclassification of land during reunification, but that varies from city to city. In Frankfurt, though, there's immense pressure for modernisation in industrial areas. In the longer-term perspective the number of jobs here is relatively stable. Everything that affects the city is an adjustment to globalisation processes – no growth process. So ultimately, it's about revitalising areas. And that's also the line for the future that municipal planners continue to take. All parts of our cities have more or less glaring defects, and revitalisation is the only opportunity to eliminate them. In the west end they're mainly aesthetic defects, and in Gallus or Sossenheim they're quite palpable socio-structural defects.

Who's behind the revitalisation? Is a new image being looked for in conversions?
There are two groups: owner-occupiers are tied to the site because they still have their production next door or

Deutsche Bank. Wenn letztere ihren Standort in Frankfurt verlagern würde, dann hätte das eine sehr hohe Symbolik, die gut überlegt sein müsste. So hat man sich entschieden, die Doppeltürme zu sanieren. Auf der anderen Seite gibt es die Entwickler. Wir haben Fälle, bei denen die Eigentümer an der Ästhetik des Gebäudes festhalten. Aber ich kenne auch Beispiele, wo man sich neu erfindet. Im Industriepark Höchst hat man sich durch Abbruch deutlich von einigen Traditionen getrennt. Die Entwickler wollen in der Regel dem Haus ein neues Image geben. Für unsere Entscheidung kommt es aber darauf an, ob das Haus schon eine starke Identität hat, die erhaltenswert ist.

Inwiefern spielt dabei der Bestandsschutz eine Rolle?
Der Bestandsschutz garantiert die Ausnutzung, die Stellplatzsituation, die Abstände zu den Nachbarn, was im großstädtischen Bereich von zentraler ökonomischer Bedeutung ist. Der Bestandsschutz besteht in der Regel nicht fort, wenn es um den Brandschutz und die Wärmedämmung geht. Ein dritter Aspekt wird meistens unterschätzt: dass Gebäude, wenn sie zur Revitalisierung anstehen, sich schleichend meistens schon meilenweit von der Baugenehmigung entfernt haben. Das ist dann oft nur noch ein gefühlter Bestandsschutz, aber kein wirklicher. Deswegen ist unsere Praxis, dass wir, immer wenn eine Revitalisierung anliegt, unseren Gesprächspartnern anbieten, eine Sonderbaukontrolle zu machen, in der wir die Mängel auflisten. Ebenso der Bauherr oder der Projektentwickler. Auf dieser Basis kann man dann fundiert entscheiden, was man tut und was nicht. Diese Kontrolle ist keine polizeiliche Maßnahme, sondern ein Serviceangebot. Der Bestandsschutz ist nicht nur Restriktion, er bietet auch rechtliche Sicherheiten. Oft kann man zwar nicht regelgerecht bauen, aber eine situationsangepasste Lösung entwickeln. Und das ist unsere Aufgabe.

Eingangs sagten Sie, dass bei den zur Rede stehenden Gebäuden auch die Verwaltung dazulernen muss. Heißt es dann, dass sich irgendwann auch die Regeln diesen ganz neuen Bedürfnissen anpassen müssen oder läuft das jedes Mal über Sondergenehmigungen?
Die Verwaltung macht keine Regeln. Aber die gesetzlichen Grundlagen sind flexibel genug. Es gibt viele unterschiedliche Wege zum rechtmäßigen Bauen.

the building is simply their business address – in Frankfurt, for example, the Fair or Deutsche Bank. If the latter were to change its address in Frankfurt, the symbolism of it would be enormous, and would have to be considered long and hard. So the decision was taken to refurbish the twin towers. And then there are the developers. We have cases in which the owners stick to the style of the building. But I also know of cases where the building was given a makeover. On the Höchst industrial estate, a break was made with tradition by opting for demolition. Generally, developers want to give the building a new image. As far as we are concerned, however, it depends on whether the building already has a strong identity that's worth preserving.

How far does so-called Bestandschutz play a part?
Bestandschutz guarantees use, the space set-up and distances from neighbouring buildings, which in a city area are of key business importance. This protection generally doesn't remain intact where fire prevention and heating insulation are concerned. A third aspect is generally underestimated: by the time buildings are due for revitalisation, they have, in general, already slowly drifted miles away from building approval. Then protection is only felt to exist but is not real. That's why our practice is, whenever revitalisation is on the cards, to offer our negotiating partners a special building survey in which we list the defects. The client or developer does the same. On that basis, we can make a well-founded decision about what to do and what not to do. It's not a police investigation but a service we offer. *Bestandschutz* is not only a restriction, it also offers legal guarantees. Often, although the way is not clear to go ahead with building, a solution that fits the situation can be developed, and that's our job.

Aber das ist natürlich nicht nur für den Entwurfsverfasser, nicht nur für den Fachingenieur eine Herausforderung, sondern auch für eine Behörde. Als Bauaufsicht Frankfurt fahren wir die Politik, dass Neubauten regelgerecht sein sollen. Die dadurch frei werdenden Ressourcen setzen wir ein, um für komplexe Sanierungen Sonderlösungen zu überlegen und zu entscheiden. Bei intelligenter Anwendung der Gesetze kann man immer flexibel sein. Das hat auch schon die Vergangenheit gelehrt: Die Hochhäuser, die in Frankfurt entstanden sind, hätten nach den Regelanforderungen so nicht gebaut werden dürfen, aber sie entsprechen der Hessischen Bauordnung.

Komplex ist ein gutes Stichwort für das nächste Thema: Revitalisierungen berühren viele Aspekte – Denkmalschutz, Brandschutz, energetische Sanierung. Aspekte, die mitunter in Konflikt miteinander geraten können? Kompromisslösungen sind angesagt. Natürlich kann man die Energiebilanz verbessern – revitalisierte Gebäude müssen ja nicht unbedingt den Passivhausstandard erfüllen. Und man muss natürlich auch die Kosten betrachten – nicht nur die ökonomischen Kosten, sondern auch die sozialen und kulturellen Kosten. Dass es zum Beispiel in Hamburg bei seinem feuchten Klima Klinker gibt, hat sehr praktische Gründe. Putzfassaden, die die Klinker ersetzten würden, müssten alle zwanzig Jahre saniert werden. Das kann nicht die Lösung sein. Als Genehmigungsbehörde hat man es immer mit einem Strauß öffentlicher Belange zu tun, die nicht alle konfliktfrei zu erfüllen sind. Die Praxis lehrt, dass es keine lupenreine Lösung gibt. Natürlich wird von uns erwartet, dass wir eine Baugenehmigungs- und keine Bauverhinderungsbehörde sind. Dieses Ziel erreicht man nur durch Abwägung und freudige Entscheidung.

Herr Dr. Kummer, vielen Dank für das Gespräch.

Das Gespräch mit Michael Kummer wurde am 29. Oktober 2007 in den Räumen des Frankfurter Technischen Rathauses von Jürgen Engel, Enrico Santifaller und Anke Wünschmann geführt.

At the beginning, you said that in the case of the buildings concerned that the administrative authorities also need to adjust their minds. Does that mean that at some point the regulations have to be adapted to these new requirements or does it involve special approval every time?
The administration doesn't make the rules. But the legal set-up is flexible enough. There are many different ways to achieve a legitimate building. But that, of course, is a challenge not only for the designer or the structural engineer but for the authorities as well. Our policy at the Frankfurt Building Inspectorate is that new buildings should conform to regulations. We use the resources that this frees up to think about special solutions for complex refurbishings and then make decisions. Provided the law is applied intelligently, you can always be flexible. That's the lesson of the past as well: the high-rise buildings built in Frankfurt should not, according to the rules, have been built like that, but they do comply with Hesse's building regulations.

Complex is a good word to sum up the next subject: many aspects affect revitalisation – listing, fire regulations, energy efficiency. Aspects that can sometimes conflict with each other.
Compromise solutions are needed. Of course, energy efficiency can be improved, but revitalised buildings don't necessarily have to comply with zero-energy building standards. And you have to keep costs in mind – not only economic costs but also social and cultural costs. There are, for example, very practical reasons why clinker bricks are used in the damp climate of Hamburg. If clinker bricks were to be replaced by rendered façades, these would need to be renovated every 20 years. That's not a solution. As the licensing authority, we always have a whole range of public concerns to deal with, but they can't all be satisfied without conflict. Experience teaches us that there is no perfect solution. Of course, we're expected to be a construction-licensing and not a construction-obstructing authority. This objective is achieved only by careful consideration of the situation and a readiness to make decisions.

Many thanks for the conversation, Dr. Kummer.

Michael Kummer talked to Jürgen Engel, Enrico Santifaller and Anke Wünschmann at the offices of the Frankfurt Technical Office on 29 October 2007.

„POTENTIALE IM BESTAND FREISETZEN"
"UNLOCKING THE POTENTIAL OF EXISTING BUILDINGS"

EIN GESPRÄCH MIT STEPHAN BONE-WINKEL, HONORARPROFESSOR IMMOBILIEN-
PROJEKTENTWICKLUNG, IRE | BS, UNIVERSITÄT REGENSBURG, UND GESCHÄFTSFÜHRER DER BEOS GMBH
**A CONVERSATION WITH STEPHAN BONE-WINKEL, HONORARY PROFESSOR OF PROPERTY-PROJECT
DEVELOPMENT, IRE | BS, UNIVERSITY OF REGENSBURG, AND MANAGING DIRECTOR OF BEOS GMBH**

Revitalisierungen haben die Menschheit durch ihre
Geschichte begleitet. Doch erst jetzt ist eine Revitalisierungswelle auch bei gewerblichen Immobilien zu
beobachten. **Warum war Bauen im Bestand vorher in
der Immobilienwirtschaft eher unpopulär?**
Es gibt verschiedene Gründe. Im Ausland ist es immer
noch ungewöhnlich, im Bestand zu arbeiten. In Dubai
gibt es sogar einen Erlass, der besagt, dass kein Gebäude
saniert werden darf. Dort wird abgerissen und neu
gebaut. Das spiegelt sich in den Gebäuden wider – es
wird nicht für die Ewigkeit gebaut. In Deutschland ist
das Thema eng an die Volkswirtschaft gekoppelt. Bei
einem starken Wirtschaftswachstum, das viele neue
Arbeitsplätze generiert, geht es nicht um Optimierung
der Nutzung, sondern um die Schaffung neuer Flächen.
Eine stagnierende Volkswirtschaft führt zur Umnutzung.
Diesen Effekt haben wir in Deutschland seit etwa zehn
Jahren. Im Zuge der stärkeren Kostenorientierung der
Unternehmen wird endlich erkannt, dass bei der ge-
nauen Betrachtung des Bestandes ebenso gut benötigte
Flächen wiederhergerichtet werden können, als würden
sie neu gebaut. Hinzu kommt das stärker entwickelte
ökologische Bewusstsein der letzten Jahre.

**Gibt es Teile des Immobilienbestandes, die sich für eine
Revitalisierung besser eignen denn andere?**

Revitalisation has always been a feature of human history.
But it's only now that a tide of revitalisation has welled up
in commercial property. **Why was converting old buildings
previously rather unpopular in the property business?**
There are various reasons. Abroad, it's still unusual to
refurbish existing buildings. In Dubai, there's even a
decree that forbids buildings from being renovated.
They have to be torn down and rebuilt. That's reflected
in the buildings – they're not built to last. In Germany,
the subject is closely bound up with the economy. With
strong economic growth, which generates lots of new
jobs, optimising use is less important than creating new
floor space. A stagnating economy encourages conversions. That's the effect we've had in Germany these 10
years or so. As business has become more strongly cost-
oriented, it has finally dawned on people that, if you
take a good look at existing buildings, the necessary
floor space can be found and refurbished to new-build
condition. The more developed ecological awareness of
recent years is another factor.

**Are there some kinds of older properties that are better
suited to revitalisation than others?**
Pre-1870 buildings can't generally be used flexibly because
of rigid structural constraints. It was only when large-scale
buildings were built for industry that they became sub-

Die Gebäude aus der Vorgründerzeit sind meist nicht flexibel nutzbar wegen starrer baulicher Zwänge. Erst als man für die Industrie großflächig gebaut hat, entstanden Gebäude, die unter dem Nachhaltigkeitsaspekt wesentlich besser nutzbar sind als alles, was danach folgte. Beispielsweise hat die BEOS ein Gebäude von 1910 revitalisiert, das ursprünglich als mehrgeschossige Fabrikationsfläche konzipiert wurde. Zum Zeitpunkt des Erwerbs wurde es als Druckerei, Blutlabor und Versandhandelszentrum auf unterschiedlichen Ebenen genutzt. Innerhalb von vier Monaten wurde es in ein Finanzamt mit Büroflächen in Zellenstruktur umgebaut. Der Mietpreis lag ungefähr 30 Prozent unter vergleichbaren Marktmieten, da der Umbau preiswerter war als ein Neubau. Wenn das Finanzamt dort ausziehen würde, können wir zeitnah und ganz flexibel neue Nutzungen – vom Wohnraum zur Produktionsstätte – anbieten. Das Gebäude ermöglicht aufgrund der Tragstruktur, der Geschosstiefen und Höhen diese Flexibilität, was man von den meisten Neubauten nicht sagen kann. Es gibt aber auch Gebäude aus den 6oer und 7oer Jahren, die sich, sofern statisch vernünftig konzipiert, unserer Erfahrung nach gut umbauen lassen.

Das heißt, mit Bestandsrevitalisierungen können Entwickler schneller auf die aktuelle Lage des Marktes und Nutzerbedürfnisse reagieren?
Weil sich nicht jeder Einwohner in Deutschland einen Neuwagen leisten kann oder will, gibt es einen Markt für Gebrauchtwagen. Auf den Büromarkt übertragen: Es gibt eine Schichtung von geringwertigem Büroraum bis zu hochwertigen Flächen. Einigen Unternehmen und Verwaltungen genügt ein geringer Standard. Das Maß der Revitalisierung richtet sich im Grunde genommen danach, in welchem Markt man sich bewegen möchte – im hoch- oder im niedrigpreisigen. Entsprechend sehen auch Konzepte und Umbaumaßnahmen aus. Manchmal reicht es aus, einfach nur zu streichen.

Wäre es nicht gelegentlich besser für das Gebäude, ein Haus doch zu entmieten, es von Grund auf zu ertüchtigen und es dann teurer zu verkaufen?
Man muss bedenken, dass sich der Markt komplett gewandelt hat – entsprechend auch die Arbeit des Entwicklers. Das Risiko, ein Gebäude komplett zu räumen, zu sanieren und wieder auf den Markt zu bringen, ist

stantially more usable from the point of view of sustainability than anything that came after. For example, BEOS converted a 1910 building originally designed as a multistorey factory. At the time it was bought, it was being used on different floors as a printers, a blood laboratory and a mail-order centre. Within four months it had been converted into a tax office with space for individual offices. Leasing costs were approximately 30 per cent below comparable market rents, as conversion was better value than building from scratch. If the tax office were to move out, we would be able to offer contemporary and very flexible new uses, ranging from residential to manufacturing. The solid structure, storey depths and heights of the building make this flexibility possible, which can't generally be said of most new buildings. But there are also buildings from the 60s and 70s that in our experience are suitable for conversion as long as they have been soundly constructed.

Does this mean that, with conversions, developers can react more quickly to the current state of the market and user requirements?
As not every inhabitant of Germany can afford or wants a new car, there's a market for used cars. Applied to the office market, there's a stratification from low-value office space to high-quality space. Some businesses and institutions are happy with minimum standards. The degree of revitalisation is basically oriented to the market you're aiming at – high-price or low-price. Designs and the amount of conversion work involved reflect this. Sometimes it's quite enough to cross out an option or two.

Wouldn't it occasionally be better for a building if the tenants were cleared out, the house were refurbished from top to bottom and then sold at a higher price?

viel zu hoch. Wenn das Gebäude zwei Jahre später verkauft werden soll, kann sich der Markt gewandelt haben. Es ist absolut rational, vorsichtig mit den Projekten umzugehen und kurzfristig auf den Markt zu reagieren. Entwickler und Vermieter fokussieren sich seit einiger Zeit auf die Nutzerbedürfnisse. Die Substanzinvestition, die vielleicht beim Dach notwendig ist, merkt der Nutzer erst, wenn es reinregnet. Vorher geht er davon aus, dass alles in Ordnung ist. Man muss heutzutage Gebäude anders anfassen, sich auf den Kunden und seine Bedürfnisse konzentrieren und nicht das technisch machbare und perfekte, sondern das situativ Notwendige tun.

Haben revitalisierte Altbauten nicht einfach mehr Charme?
Ich denke, Charme entsteht, wenn Entwickler und Architekt sich Gedanken zur Nutzung eines Gebäudes machen und diese kreativ umsetzen. Dieser Mehrwert schlägt sich auf jeden Fall nieder. Vielleicht nicht unbedingt in einer höheren Miete, aber darin, dass dieses Objekt schneller und überhaupt vermietet ist und ein anderes nicht. Allerdings sollte der Mehrwert für den Nutzer erkennbar bleiben und ihn nicht überfordern. Interessanterweise wird der Charme nicht bei der Fassade empfunden, sondern eher im Inneren angesichts Farben, Licht und Freiräumen. Denkmalgeschützte, charakteristische Objekte stoßen auf ein höheres Nutzerinteresse. Natürlich gibt es auch Konflikte des Denkmalschutzes in Bezug auf den Brandschutz. Dennoch finde ich Denkmalschutz nicht hinderlich, da die Denkmalschützer normalerweise mit sich reden lassen und ebenfalls an einer guten, nachhaltigen Nutzung interessiert sind.

Wie verhalten sich die Banken zu dem Thema Bestandsobjekte?
Die mit Basel II vorgegebenen Eigenkapitalanforderungen sinken, wenn man statt eines Neubauprojekts ein noch teilweise genutztes Bestandsobjekt saniert. Mit dem durch Vermietung generierten Cashflow fällt die Maßnahme in eine andere Risikoklasse, die Fremdkapitalkosten werden geringer. Die Banken sehen zudem marktbezogene Vorteile: Bestandsgebäude stehen im gewachsenen Umfeld, es gibt mehr Sicherheiten für die Prognosen der Projektentwicklung. Zusätzlich benötigt eine Revitalisierung in der Regel nur ein Drittel der

You need to remember that the market has completely changed, and with it the developer's function as well. The risk involved in completely clearing a building, renovating it and putting it back on the market is much too high. If the building is to be sold two years later, the market may change in the meantime. It makes absolute sense to be cautious about projects, and react quickly to the market. For some time, developers and landlords have been focusing on user requirements. Users notice that investment may be needed in the fabric only when rain leaks through the roof. Until then, they assume everything's OK. These days, buildings have to be looked at differently. You focus on the client and his needs and do what the situation calls for rather than what's technically feasible and perfect.

Isn't it simply that revitalised older buildings have more charm?
I think charm is the result of the developer and architect thinking about the use of a building and implementing it creatively. Such added value is always worthwhile. Perhaps not necessarily in the form of higher rent, but at least the property can be rented out, or more quickly, whereas another one can't. Of course, the increase in value needs to remain recognisable to the user and not ask too much of him. Interestingly, charm is not noticed in façades. It's more to do with the colours, light and the roominess inside. Listed buildings with character attract more interest from users. There are, of course, conflicts with conservation officials with regard to fire regulations. Even so, I don't find conservation an obstacle. You can usually talk to the officials concerned, and they're likewise interested in good, long-term use.

What are the banks' views about the idea of existing buildings?
Reserve capital requirements specified under Basle II are lower if a still partially used existing building is renovated compared with starting a new-build project. With the cash flow generated from rents, the operation falls into a different class of risk, and loan capital costs are lower. The banks also see definite market-related advantages: old buildings stand in a mature environment, and forecasts for the project development are more soundly based. In addition, revitalisation generally takes only a third of the time required for a new building. The risk of planning

Zeit, die man für einen Neubau benötigt. Außerdem reduziert sich das Genehmigungsrisiko erheblich. Viele Risiken, die Developer und damit abgefedert auch deren Finanziers bei einem konventionellen Neubau tragen müssen, sind nicht mehr vorhanden.

2006 machte der Anteil internationaler Investoren bei Transaktionen von Gewerbeimmobilien bereits drei Viertel aus. Was bedeutet das für Revitalisierungen?
Die meisten Immobilienanleger, die in Deutschland investieren, kommen aus dem europäischen Ausland, den USA oder Australien. Dort kennt man auch die Bestandsentwicklung. Interessant ist allerdings, dass die deutschen institutionellen Investoren – Versicherer, Pensionskassen, offene Immobilienfonds – viele ihrer Bestände aus den 60er, 70er, 80er Jahren in Portfolios gebündelt haben und an den Markt geben. Gekauft wurden sie zu Preisen, die nur dann sinnvoll sind, wenn diese Bestände wieder erfolgreich an den Markt herangeführt werden können und vermietbar sind. Es wird also Druck erzeugt, der dazu führt, dass Bestandsflächen aufgewertet werden müssen und im Wettbewerb zu Neubauflächen am Markt sind. Die Bestände werden nicht langfristig gehalten, sondern optimiert, vermietet und mittelfristig nach Stabilisierung der Nutzung wieder verkauft.

In welchen Nutzungsformen liegt die Zukunft bei Bestandsgebäuden?
Wir sind seit zehn Jahren in diesem Bereich tätig und haben die Erfahrung gemacht, dass Bestandsgebäude dann attraktiv sind und bleiben, wenn sie für Misch-nutzungen tauglich sind. Also Anteile der einzelnen Nutzungen untereinander verschoben werden können und verschiedene betriebliche Funktionen wie Verwal-tung, Produktion, Vertrieb, Forschung, Lager in der Fläche abgebildet werden können. Früher war Multi-funktionalität üblich – mit Fabrikgebäuden im Hof, Läden an der Straße, einer Beletage und günstigerem Wohnraum in den Obergeschossen. Wir erleben hier eine Renaissance. Das Leitbild der Funktionstrennung ist aufgrund der vielen Probleme – etwa Energiekosten, hohes Verkehrsaufkommen und Zeitverluste – bereits seit Jahren überholt. Es gibt leider bei uns viele Vor-schriften, die Mischkonzepte verhindern. Beispielsweise werden oft getrennte Eingänge für Büro- und Wohn-

approval is also reduced considerably. Many risks that developers (and, to a somewhat lesser degree, their funders) have to carry with conventional new building no longer obtain.

In 2006, international investors already accounted for three quarters of the deals involving industrial properties. How does that affect revitalisation?
Most property investors investing in Germany come from other European countries, America or Australia. Developing existing buildings goes on there as well. It's certainly interesting that German institutional investors – insurance companies, pension funds, open-ended property funds – have bundled many of their older buildings from the 60s, 70s, and 80s into portfolios and put them on the market. They were bought at prices which made sense only if such existing buildings could be put back on the market successfully and leased out. This generates pressure, which means that existing floor space has to be upgraded and competes in the market with new-build space. Buildings are not kept for the long term but are optimised, rented out and sold on again medium-term after the use has stabilised.

What kinds of usage are the future for existing buildings?
We've been working in this field for 10 years. Our experi-ence is that older buildings are and remain attractive if they are suitable for mixed use. For instance, some of the individual usages can be shuffled around internally and various operational functions such as administration, production, sales, R&D and warehousing can be developed within them. Multifunctionality was the norm in the past, with factory buildings in the courtyard, shops on the street front, a grand first floor and cheaper residential parts in the upper floors. We're now undergoing a renais-sance. The idea of separating functions has been obsolete for years because of numerous problems, for example, energy costs, traffic congestion and unproductive time. In Germany, there are, unfortunately, many regulations that hinder mixed schemes. For example, separate en-trances are often demanded for office and residential usages that not only cost a lot of money but also run contrary to intermixing in particular.

So older buildings with their relatively flexible structures favour development in the direction of multifunctionality?

nutzungen verlangt, die nicht nur sehr viel Geld kosten, sondern auch gerade der Durchmischung entgegenwirken.

Dann begünstigen Bestandsgebäude mit ihren relativ flexiblen Strukturen die Entwicklung in Richtung Multifunktionalität?
Beim Bestand kann man an den Funktionsmischungen erkennen, dass diese Gebäude und Quartiere gut funktionieren. Es gibt im Gegensatz zu den vielen leer stehenden Bürogebäuden nie einen Komplettleerstand. Man sollte also vom Bestand lernen. Die Revitalisierung von Bestandsgebäuden ist aber auch in einem anderen Zusammenhang sehr wichtig: Wir befinden uns in einem extremen Wettbewerb der internationalen Volkswirtschaften. Wir können es uns nicht mehr leisten, teuer neu zu bauen. Wenn wir nicht nachhaltig Arbeitsplätze exportieren wollen, muss die Arbeit in Deutschland billiger gemacht werden. Die Senkung der Lohnnebenkosten ist ein erster Schritt, aber auch die Arbeitsplatzkosten müssen niedriger werden. Ein Ansatz ist sicherlich, darüber nachzudenken, wie man Gebäude in Bezug auf Baumaterial, nachhaltiger Nutzbarkeit von Flächen, Ausnutzung von Grundstücken und Technik radikal „einfacher" machen kann. Ein anderer ist es, mit dem Gebäudebestand zu arbeiten und diesen optimal flexibel und einfach für unterschiedliche Nutzungen in der Zukunft attraktiv zu gestalten.

Herr Professor Bone-Winkel, wir danken Ihnen für dieses Gespräch.

Mit Stephan Bone-Winkel sprachen Jürgen Engel, Enrico Santifaller und Anke Wünschmann am 18. Juli 2007 im Berliner Büro der BEOS GmbH.

In older buildings, the mix of uses indicates that these buildings and districts function well. In contrast to the many empty office buildings, there is never a state of complete emptiness. So we need to learn from older buildings. The revitalisation of older buildings is also very important in another context: we are now in a situation of extreme competition among international economies. We can't afford to build expensively from scratch any more. If we don't want to go on exporting jobs, employment in Germany must be made cheaper. Reducing ancillary wage costs is a first step, but workplace costs must also be lower. One approach is certainly to think how buildings can be made radically simpler in terms of construction material, the sustainable usage of floor space, the exploitation of land, and technical installations. Another approach is to work with existing buildings and design them attractively so as to be as flexible and simple as possible for various uses in future.

Thank you for the conversation, Professor Bone-Winkel.

A conversation between Stephan Bone-Winkel and Jürgen Engel, Enrico Santifaller and Anke Wünschmann at the Berlin office of BEOS GmbH on 18 July 2007

ZUKUNFTSAUFGABE REVITALISIERUNG
THE FUTURE'S IN REVITALISATION

Die Lage scheint paradox: Auf der einen Seite steht die Immobilienbranche vor einer gewaltigen, mit der europaweiten Einführung des Energieausweises zum 1. Juli 2008[1] auch gesetzlich sanktionierten Herausforderung: die Umsetzung von Nachhaltigkeitskriterien in das Planen, Bauen und Bewirtschaften von wertstabilen und damit renditesichernden Gebäuden. Auf der anderen Seite wenden sich die Bürger und die von ihnen gewählten politischen Vertreter von der zeitgenössischen Architektur ab und suchen ihr Heil in der Reanimation von scheinbar altvertrauten Stadtbildern. Eine alternde Gesellschaft entdeckt die Würde des Alten, des Historischen. Platt wäre es zu sagen, dass diese Gesellschaft lediglich sich einmal mehr selbst überhöhen und den Jugendlichkeitswahn, von dem sie noch bis vor kurzem beherrscht wurde, mit aller Macht abstreifen wollte. Und es ist ebenso platt, die parlamentarischen Beschlüsse zur Rekonstruktion des Berliner, Potsdamer, Braunschweiger und Hannoveraner Stadtschlosses sowie der Frankfurter Altstadt als bloße Retro-Manie von bauunkundigen Laien abzutun.[2] Im Gegenteil: Architektur wird zum Medium, im öffentlichen Umgang mit Planen und Bauen werden in selten bekannter Heftigkeit gesellschaftliche Konflikte deutlich. Mit erheblichen Konsequenzen: An symbolträchtigen städtischen Orten zumindest steht inzwischen jede Entscheidung für eine

<
Bundesausführungsbehörde für Unfallversicherung,
Wilhelmshaven
**German Federal
Accident Insurance
Authority**

It seems a paradoxical situation. On the one hand, the property industry faces a huge challenge – and moreover, a legally sanctioned one – with the introduction of energy performance certificates throughout Europe from 1 July 2008,[1] namely, the implementation of sustainability criteria in planning, building and running stable-value and, consequently, yield-safeguarding buildings. On the other hand, the public and its elected political representatives are averse to contemporary architecture and look for salvation in breathing life into apparently old, familiar urban landscapes. An ageing society discovers dignity in what's old and historic. It would be trite to say that all this society wants is to desperately become respectable again and rid itself of its recent obsession with youthfulness. And it is just as trite to dismiss parliamentary resolutions for the reconstruction of the city palaces in Berlin, Potsdam, Brunswick and Hanover and Frankfurt's old city as mere retro mania among architecturally ignorant laymen.[2] On the contrary, architecture is becoming a vehicle of communication. Social conflicts are bringing out rarely experienced aggression in the public treatment of plans and construction. The consequences are considerable. In urban locations with symbolic importance, any decision concerning property investment – whether sustainable or not – is, in the meantime, consigned to the pending tray.

Immobilieninvestition – ob nun nachhaltig oder nicht –
unter Vorbehalt.

Altes und Neues zu verknüpfen, erscheint als einziger
Weg, das Paradoxon aufzulösen. Ein in der Architektur
nicht unbekanntes Thema, selbst in der modernen:
Carlo Scarpa und Karljosef Schattner waren diejenigen,
die das Bewusstsein in der europäischen Planerzunft
dafür öffneten, wie ästhetisch reizvoll das Verschränken
des Gegenwärtigen mit dem baulichen Vergangenen,
die Überlagerung, die Schichtung, das schroffe Nebeneinander, die mildernde Verbindung sein können. Die
von den beiden Baukünstlern entwickelten Instrumente
sind mittlerweile zum Standardrepertoire der Architekten geworden. Bei genauerer Betrachtung der als vor-
bildhaft geadelten Projekte von Scarpa und seinem
deutschen Pendant wird deutlich, dass beide nur in
einem sehr schmalen Immobiliensegment agierten.
Die Freiräume, derer sich beide nach Kräften bedienten,
gewährt ein anlageorientierter Immobilienmarkt in der
Regel nicht. Und da weltweit etwa 50 Prozent des
volkswirtschaftlichen Nettoanlagevolumens in Gebäude
investiert werden – in Deutschland sind dies 85 Prozent[3] – ist es nach wie vor für Planer eine Herausforderung, nicht nur kosten- und flächenoptimierte, nicht
nur nachhaltige, sondern auch ästhetisch überzeugende
Konzepte zu erarbeiten, damit Investitionen in Bestandsimmobilien auf gesellschaftliche Akzeptanz stoßen. Eine
höchst aktuelle Herausforderung. Bereits im Jahre
2002 flossen 60 Prozent der Immobilieninvestitionen
in den Bestand. Und, glaubt man dem im Auftrag der
Bundesregierung erarbeiteten ersten Statusbericht zur
Baukultur, dann werden es noch viel mehr.[4] Der Bericht
ist zwar schon sieben Jahre alt, doch in seiner Prognose hat
er Recht behalten. Denn das Bauen im Bestand erreicht
seit kurzer Zeit auch das Segment der Büroimmobilien.[5]
Und das mit Wucht. Es gibt zwar derzeit nur wenige sta-
tistische Zahlen, doch der Trend ist unübersehbar und
wird durch Aussagen von Experten unterstützt. Zum Beispiel sind im Raum Frankfurt am Main im ersten Halbjahr
2007 lediglich 22 Prozent der Kredite im gewerblichen
Immobiliensektor für Neubauten vergeben worden.[6]
Der Rest des Fremdkapitals floss in Bestandsgebäude.

Es gibt eine Reihe von teils unabhängigen, teils ineinander verwobenen Faktoren, die die These nicht allzu

Linking old and new seems to be the only way to
resolve the paradox. It is not an unknown theme in
architecture, even modern architecture. It was Carlo
Scarpa and Karljosef Schattner who opened the European
planning brotherhood's eyes to the aesthetic joys of
interweaving the contemporary with the architectural
past – the overlays, the layering, the stark juxtapositions
and the soothing transitions. The instruments the two
architects developed have meanwhile become standard
repertoire for architects. However, on closer inspection
of the projects Scarpa and his German counterpart put
forward as exemplary, it becomes evident that the two
were operating in only a very narrow segment of the
property market. The elbow room that the two men
exploited to the best of their ability is not generally
available in an investment-oriented property market. And
because worldwide around 50 per cent of net economic
investment is invested in buildings – in Germany it is 85
per cent[3] – it remains a challenge for planners to work
out concepts that are not only optimised in terms of costs
and floor space and sustainable but also aesthetically
convincing so that investment in existing property encounters social acceptance. It is a highly topical challenge.
Even in 2002, 60 per cent of property investment went
into existing buildings. And if we are to believe the first
status report on architecture prepared for the federal
government, that proportion is rising fast.[4] Although
the report is seven years old, it has been proved right in its
forecast, because the recycling of existing buildings has
now already reached the office property sector.[5] And how!
Though there are currently only a few statistics available,
the trend is unmistakable and is supported by reports
from experts. For example, in the Frankfurt area in the
first half of 2007, only 22 per cent of loans in the industrial property sector went on new buildings.[6] The rest of
the capital borrowings went into existing buildings.

There are a series of occasionally discrete, to some
extent interrelated factors that make it seem not alto-
gether implausible to say that the wave of revitalisation
has not yet peaked. You don't even need to mention the
sub-prime crisis so often quoted at the turn of 2007/2008.
It is beyond question that in an age of globally networked
flows of information and capital, the problems of the US
mortgage market are not going to spare the European
property markets.[7] Various German property companies
such as MDAX-listed IVG have put a sub-prime question

gewagt erscheinen lassen, dass die Revitalisierungswelle noch längst nicht ihren Höhepunkt erreicht hat.
Man muss dazu nicht einmal die zum Jahreswechsel
2007/08 oft zitierte Subprime-Krise anführen. Dass
im Zeitalter von global vernetzten Informations- und
Kapitalströmen die Belastungen des US-Hypotheken-
marktes die europäischen Immobilienmärkte nicht
verschonen werden, steht außer Frage.[7] Schon stellen
diverse deutsche Immobilien-AGs wie etwa die im
MDAX gelistete IVG ihre Zukunftsprognosen unter
Subprime-Vorbehalt, schon verweisen Entwickler wie
die Colonia Real Estate auf mögliche höhere Zinsen, die
bei neuen Projekten die Renditen mindern könnten.[8]
Die Beobachter konstatieren, die Verunsicherung bei
den Kreditinstituten sei groß, einige größere Transaktionen könnten in Deutschland zur Zeit nicht realisiert
werden, weil Kaufinteressenten sich außer Stande sä-
hen, notwendige Refinanzierungsmittel aufzubringen.[9]
Chancen werden dagegen stark eigenkapitaleinsetzen-
den Käufern gegeben, während extrem fremdfinanzie-
renden Investoren erhebliche Schwierigkeiten vorher-
gesagt werden.[10] Dies berührt eine der Ursachen der
Revitalisierungswelle bei Büroimmobilien, die ja schon
zu verzeichnen war, als europäische Banken US-Hypo-
theken noch munter verbrieften. Es geht um die „Neue
Basler Eigenkapitalvereinbarung", vulgo Basel II, in
Deutschland am 1. Januar 2007 in Kraft getreten, doch
schon vorher in der Praxis üblich, und seine Auswirkungen auf die stets kapitalbedürftige Immobilienbranche.

Die Konsequenzen der Eigenkapitalvorschriften auf die
Branche sind hinlänglich beschrieben worden;[11] sie
lassen sich in einem Satz zusammenfassen: Die Kosten
für Fremdkapital steigen. Als Alternative bieten sich der
Börsengang an, nachrangige Kredite, objektbezogene
Joint Ventures mit Finanzinstituten, Private Equity
Tranchen von sog. Opportunity Funds oder gemischte
Formen – in den meisten Fällen unter Verzicht eines
Teils des Projektentwicklungsgewinnes. Oder eben Revitalisierungen, die aufgrund niedrigerer Objektkosten
weniger Kapital binden, so die Risikoquote senken und
dadurch eine marktangepasste, flexible Investitions-
strategie ermöglichen. Sie können zusätzlich den Bedarf
an billigem Büroraum stillen, deswegen einen stabilen
Cashflow generieren, was wiederum Banken bewegt,
benötigte Kredite doch zu gewähren.[12]

mark against their future forecasts, while developers
such as Colonia Real Estate draw attention to possible
higher interest rates that could reduce returns on new
projects.[8] Observers confirm that, because of the great
uncertainty at the banks, a number of major deals stand
to fall through in Germany in current conditions because
the prospective purchasers are not in a position to drum
up the necessary refinancing funds.[9] This leaves opportunities for purchasers who can put up a high proportion
of equity funding, while considerable difficulties are
forecast for any investors using an extremely high proportion of borrowing.[10] This touches on one of the reasons
for the wave of revitalisation in the office property market, which was already noticeable while European banks
were still cheerfully securitising US mortgages. It concerns the New Basle Equity Capital Agreement, popularly
known as Basel II, which came into force in Germany on
1 January 2007 but which had already been observed in
practice, and its effects on the chronically capital-hungry
property industry.

The consequences of equity capital regulations on
the industry have been sufficiently described[11] and can be
summed up in a single sentence: the cost of borrowing is
going up. The alternative is a flotation, subordinate
loans, asset-related joint ventures with banks, private
equity tranches by opportunity funds, or mixed vehicles
– in most cases kissing goodbye to part of the development profit. Or, indeed, revitalisation, which because
of the lower cost of the property ties up less capital, reduces the risk ratio and facilitates a flexible investment
strategy suited to the market. And it can quench the
thirst for cheaper office space as well, thus generating a
stable cash flow, which in turn induces banks to grant
the necessary loans.[12]

Potential properties are available in plenty. The
research centre for corporate real estate at Darmstadt
Technical University estimates €50 billion as the value
lying dormant in disinvestment portfolios in corporate
real estate alone in this country.[13] The IFD financial centre initiative estimates the amount of potentially marketable property nationwide is worth up to €150bn.[14] If
five years ago the ownership ratio among large German
companies was still around 70 per cent in respect of office floor space, this ratio must by now have sunk to almost 50 per cent or so.[15] And a large proportion of the
buildings with marketing potential date from the 50s to

Bestandsimmobilien stehen reichlich zur Verfügung. Das Forschungscenter Betriebliche Immobilienwirtschaft der TU Darmstadt rechnet mit etwa 50 Milliarden Euro, die als sog. Desinvestmentportfolio allein in Unternehmensimmobilien hierzulande schlummern.[13] Die Finanzplatzinitiative IFD schätzt das bundesweite „Freisetzungspotenzial" auf bis zu 150 Milliarden Euro.[14] Lagen beispielsweise die Eigentumsquoten deutscher Großunternehmen vor fünf Jahren noch bei rund 70 Prozent im Büroflächenbereich, dürfte diese Quote derzeit auf nahezu 50 Prozent abgesunken sein.[15] Ein Großteil der freizusetzenden Gebäude stammt aus den 50er bis 70er Jahren, die in vielen Fällen einen weiteren Vorteil gewähren: Das Baurecht erlaubte zu ihrer Errichtungszeit meist eine höhere Grundstücksauslastung, als dies heute durchzusetzen ist. Mit anderen Worten: Die Vorgaben von einst haben Bestand, solange das Gebäude in seinen Grundzügen erhalten bleibt. Der Umgang mit Bestandsgebäuden erweist sich hier als ökonomischer Vorteil. Allerdings, gerade diese Bürobauten wurden vielfach nicht nur ohne jeglichen ästhetischen Anspruch, sondern auch bauphysikalisch mangelhaft errichtet. Sie warten geradezu darauf, überarbeitet zu werden.[16] Die Haustechnik dieser Gebäude entspricht in der Regel vielfach nicht mehr den Komfortansprüchen heutiger Nutzer und verursacht erhöhte Betriebskosten, die selbst in hochpreisigen Lagen noch nur wenige Mieter bezahlen wollen. Die baldige Einführung des Energiepasses wird ein weiterer Grund sein, die Haustechnik auszutauschen und die Gebäude energetisch zu optimieren.[17]

„Green is good for asset value", heißt es in einer Studie, die von der Royal Institution of Chartered Surveyors (RICS) mit herausgegeben wurde.[18] Der weltweit führende Verband von Immobilienfachleuten, bis dato noch nicht als Organisation von Öko-Radikalinskis aufgefallen, hält es für erwiesen, dass nachhaltige Eigenschaften den Wert eines Gebäudes erhöhen. Interessant sind in diesem Zusammenhang die Forschungen am Stiftungslehrstuhl für Ökonomie und Ökologie des Wohnungsbaus an der TH Karlsruhe.[19] Sie zeigen, dass die Umsetzung von ökologischen Forderungen sich durchaus für die Immobilienwirtschaft rechnet. Der Inhaber des erwähnten Lehrstuhls, Thomas Lützkendorf, bringt es auf den Punkt: „Ökologie ist profitabel"[20]. In einem vom Bundesamt für Bauwesen und Raumordnung geförderten

the 70s, which in many cases offers further advantages. Building legislation at the time of construction generally allowed a higher density of land use than you can get away with today. In other words, the specifications of that time still apply as long as the building survives in its basic features. This is where dealing with existing buildings turns out to have an economic advantage. Of course, these were the very office buildings built in many cases not only without any aesthetic ambition but structurally defective as well. A makeover is just what they need.[16] The technical installations in such buildings generally no longer come up to the expectations of modern users and incur higher operating costs that few tenants are willing to pay even in high-priced situations. The imminent introduction of energy-performance certificates will be a further reason to change the technical installations and optimise the building in energy terms.[17]

"Green is good for asset value," says a study copublished by the Royal Institution of Chartered Surveyors (RICS).[18] This leading global institution of property experts, which has not hitherto stood out as an organisation of eco-freaks, considers it an open-and-shut case that sustainable qualities increase the value of a building. Interesting in this context are the findings of research work done at the endowed chair of Economy and Ecology in Residential Buildings at Karlsruhe Technical University.[19] They show that implementing ecological requirements pays off handsomely in the property business. The holder of the above chair, Thomas Lützkendorf, says pithily: "Ecology is profitable."[20] In a research project commissioned by the Federal Office for Construction and Regional Development, the authors expect that "taking sustainable principles into account during planning, construction, purchase and operations and modernisation always has a positive effect on the development of property values and cash flow, or contributes to a reduction in the risks associated with property investment."[21] A positive trend in property values leads to positive property rating, which, combined with the borrower's credit rating, can lead to improved financing terms. And the environmental acceptability of property is one of the assessment criteria already taken into account by the European valuers' association TEGoVA.[22] The German banks' association VÖB goes even further and subdivides the criterion of environmental acceptability into "building materials", "energy audit"

Forschungsprojekt erwarten die Autoren, „dass sich die Berücksichtigung nachhaltiger Prinzipien während der Planung, beim Bau, Ankauf sowie bei Bewirtschaftung und Modernisierung positiv auf Immobilienwertentwicklung und Cashflow auswirkt bzw. zu einer Reduzierung der mit einer Immobilieninvestition verbundenen Risiken beiträgt"[21]. Eine positive Immobilienwertentwicklung führt zu einem positiven Immobilienrating, die verbunden mit der Bonitätsprüfung des Kreditnehmers zu verbesserten Finanzierungskonditionen führen kann. Die Umweltverträglichkeit von Immobilien ist eines jener Bewertungskriterien, die bereits jetzt etwa von der TEGoVA (The European Group of Valuers' Associations) berücksichtigt werden.[22] Der Bundesverband Öffentlicher Banken Deutschlands (VÖB) geht sogar noch weiter und untergliedert das Kriterium Umweltverträglichkeit in „Baumaterialien", „Energiebilanz" und „Gebäudeemissionen".[23] Alles in allem ist abzusehen, dass die enormen Investitionen zur Erhöhung der Energieeffizienz, die auf die Immobilieneigentümer mit der Einführung des Energieausweises zukommen, von Wertentwicklung bzw. von einem besseren Objektrating bei der Akquisition von Fremdkapital abgefedert werden. Und darüber hinaus stellt ein geringer Energieverbrauch, der sich in niedrigen Betriebskosten niederschlägt, gerade in engen Märkten ein Marktvorteil dar.

Rund ein Drittel der Primärenergie wird in Deutschland für den Betrieb von Gebäuden verbraucht. Deshalb ist die energetische Sanierung des Gebäudebestandes das Gebot der Stunde, wobei die Politik hierzu ihre Förderanstrengungen verstärkt.[24] Die Revitalisierung von Gewerbeimmobilien verbunden mit Maßnahmen zur Wärmedämmung und dem Einbau von energieeffizienter Haustechnik ist auch für die Immobilienbranche eine große Chance.

and "building emissions".[23] All in all, one can expect that the enormous investments in increasing energy efficiency which will be demanded from property owners with the introduction of energy performance certificates will be cushioned by increased values or a better rating of the property during the borrowing process. And on top of that, lower energy consumption, reflected in lower operating costs, constitutes a market advantage, particularly in tight markets.

In Germany, around a third of primary energy goes into running buildings. That is why updating the energy systems of existing buildings is the imperative of the moment, with politicians polishing up their armoury of incentives.[24] The revitalisation of commercial properties linked with measures for heat insulation and the installation of energy-efficient technical installations is a great opportunity also for the property industry.

1 Bundesministerium für Verkehr, Bau und Stadtentwicklung, Pressemitteilung, Nr. 100/2007.

2 Siehe Kaltenbrunner 2008 und Maak 2007.

3 Lorenz 2007, S. 6.

4 Bundesministerium für Verkehr, Bau- und Wohnungswesen 2001, S. 20.

5 Werth 2004.

6 *Immobilien Zeitung* 2007.

7 Royal Institution of Chartered Surveyors (RICS) 2007.

8 REITs in Deutschland 2007.

9 Alexander 2007.

10 Jones Lang LaSalle (JLL) 2007. Ebenso Rohmert 2007. Ähnlich auch der Zentrale Immobilien Ausschuss (ZIA) in einer Mitteilung vom 31. August 2007, wobei der Verband drei Wochen vorher verkündigte, der deutsche Immobilienmarkt sei von Subprime nicht betroffen, vgl. Pressemitteilung vom 7. August 2007.

11 Vgl. Bone-Winkel/Pitschke 2005 mit weiterer Literatur.

12 Bloomberg TV 2007.

13 Siehe *Die Welt* 2005. Vgl. Ruhkamp 2005 und Hönighaus 2007.

14 Becker 2006.

15 Pfnür 2007, S. 21.

16 Labusch 2004.

17 Vgl. Friedemann 2007.

18 Royal Institution of Chartered Surveyors 2005 (RICS), S. 3.

19 Vgl. Lützkendorf/Lorenz/Kertes 2007.

20 Werth 2007.

21 Lützkendorf/Lorenz/Kertes 2006, S. 6.

22 The European Group of Valuers' Associations (TEGoVA) 2002, S. 20–21; TEGoVA 2003.

23 Lützkendorf/Lorenz/Kertes 2007, S. 6. Vgl. Bundesverband Öffentlicher Banken Deutschlands 2006.

24 Bundesministerium für Verkehr, Bau und Stadtentwicklung, Pressemitteilung, Nr. 94/2007.

1 Federal Ministry of Transport, Construction and Urban Development, press release no. 100/2007

2 Cf. Kaltenbrunner 2008 and Maak 2007

3 Lorenz 2007, p. 6

4 Federal Ministry for Transport, Construction and Homes 2001, p. 20

5 Werth 2004

6 *Immobilien Zeitung* 2007

7 Royal Institution of Chartered Surveyors (RICS), 2007

8 REITs in Germany 2007

9 Alexander 2007

10 Jones Lang LaSalle (JLL) 2007. Likewise Rohmert 2007. Cf. also the Zentrale Immobilien Ausschuss (ZIA) in a communication of 31 August 2007. The ZIA had announced only three weeks earlier that the German property market was not affected by sub-prime, cf. ZIA press release 7 August 2007

11 Cf. Bone-Winkel/Pitschke 2005 with further reading

12 Bloomberg TV 2007

13 See *Die Welt* 2005. Cf. Ruhkamp 2005 and Hönighaus 2007

14 Becker 2006

15 Pfnür 2007, p. 21

16 Labusch 2004

17 Cf. Friedemann 2007

18 RICS 2007, p. 3

19 Cf. Lützkendorf/Lorenz/Kertes 2007

20 Werth 2007

21 Lützkendorf/Lorenz/Kertes 2006, p. 6

22 The European Group of Valuers' Associations (TEGoVA) 2002, pp. 20–21; TEGoVA 2003

23 Lützkendorf/Lorenz/Kertes 2006, p. 6. Cf. Bundesverband Öffentlicher Banken Deutschlands 2006

24 Press release no. 94/2007, Federal Ministry of Transport, Construction and Urban Development

PROJEKTE I
PROJECTS I

BAUHERR | CLIENT DORMA GmbH & Co. KG
BGF 7.940 m² | GFS 7,940 m²
BRI 31.057 m² | GV 31,057 m²
HNF 4.743 m² | MLA 4,743 m²
WETTBEWERB | COMPETITION 11/2001
FERTIGSTELLUNG | COMPLETED 07/2004

DEN LASTEN UND KRÄFTEN DIE KRONE AUFGESETZT
CROWNING LOADS AND FORCES

DORMA-HAUPTVERWALTUNG, ENNEPETAL
DORMA HEAD OFFICE, ENNEPETAL

<
DORMA-Haupt-
verwaltung nach
dem Umbau
**DORMA head office
after reconstruction**

Dass ein raffiniertes Tragwerk bei dem revitalisierten Dorma-Verwaltungsgebäude in Ennepetal eine buchstäblich hervorgehobene Rolle spielt, ist schon auf den ersten Blick erkennbar: Weithin sichtbar, an der Spitze des nunmehr 36 Meter hohen Hauses, Überhöhung und statischer Kniff zugleich, stemmen auffallende, schräg gestellte Pylone ein Tragraster, an dem drei zusätzliche Geschosse sowie ein äußerer Glasmantel hängen. Dass diese beeindruckende Konstruktion, die die Lasten in den Gebäudekern leitet, in etwa die Form der Dorma-Krone (seit 1962 Marken-, seit 1970 auch Firmenlogo) hat, ist zwar Zufall, aber ein willkommener.[1] Denn der Umbau und die Aufstockung des im Jahre 1968 fertig gestellten Bürogebäudes ist zum einen ein Bekenntnis zum traditionsreichen Stammsitz im Ennepetaler Stadtteil Voerde. Zum anderen ist die Veränderung der Hauptverwaltung die bauliche Entsprechung des Wandels eines Familienunternehmens vom Baubeschlaghersteller mit respektablem Exportanteil zum global agierenden Systemanbieter mit Geschäftsstellen und Produktionsstätten auf allen Kontinenten, der in spezialisierten Bereichen wie Türschließ- oder Glasbeschlagtechnik Weltmarktführer ist.

Die ursprünglich 25 Meter hohe Firmenzentrale war ein typisches Gebilde ihrer Zeit: ein Stahlbetonbau im

It is obvious even at the first glance that a sophisticated load-bearing structure has been given literally a prominent role in the revitalised Dorma head office. Visible from afar, on top of a building now 36 metres high, involving both additional floors and a statics stratagem, conspicuous, diagonally placed pylons prop up a girder frame from which three additional storeys and an external glass curtain are suspended. It may be an accident that this impressive structure, which distributes the static weight into the core of the building, should happen to have the shape of a Dorma crown, which has been a trademark since 1962 and the company's logo since 1970 – but who's complaining?[1] The rebuilding and the additional floors on top of the 1968 office building are a vote of confidence in the company's traditional base in the Voerde district of Ennepetal. The alterations to the head office building are also a tangible reflection of the change from a family business manufacturing architectural hardware with a respectable volume of exports to a globally active systems provider with branches and production shops in all continents, which is moreover a world market leader in specialised areas such as door-lock or glass-mount technology.

Originally 25 metres high, the firm's head office was a typical structure of its day: a reinforced concrete building in a vulgarised Late Modernist style, divided

Stile einer vulgarisierten Spätmoderne, horizontal von durchgehendem Fensterband und hohen Brüstungen gegliedert, sachlich, praktisch, quadratisch. Aber auch monoton, schwer, fast ein wenig düster. Ohne formale Ansprüche und darüber hinaus ließen es die Ausführenden – wie so oft – an Sorgfalt fehlen. Kaum drei Jahrzehnte nach Errichtung hatte die Gebäudesubstanz abgewirtschaftet, umfangreiche Brandschutzsanierungen standen an, überdies war das Haus zu eng geworden und entsprach in keiner Weise mehr den Ansprüchen einer Unternehmensgruppe mit heute rund 6 500 Mitarbeitern in aller Welt. 2001 lobte die Firmenleitung einen Architektenwettbewerb aus. Die Zahl der Arbeitsplätze sollte von 120 auf 150 erhöht, ein moderner und flexibler Bürogrundriss geschaffen und ein neuer Auftritt erarbeitet werden, wobei der Abriss des Altbaus den Teilnehmern freigestellt war. KSP Engel und Zimmermann schlug vor, den Bestand zu erhalten, ihn weiterzuentwickeln, ihn weiterzubauen und auch die Vorfahrts- und Eingangssituation neu zu inszenieren. Wegen der besonderen Konstruktion des Altbaus waren die Tragwerksplaner um Rainer Hempel im Entwurfsprozess von Anfang an einbezogen. Mit Erfolg: Der Entwurf überzeugte die Jury, belegte den ersten Rang und wurde zur Realisierung empfohlen.

Bestandsgebäude vor dem Umbau
The building prior to reconstruction

›

Wettbewerbsmodell
Competition model

horizontally by window strips and high parapets all the way across – matter-of-fact, practical and square. But also monotonous, heavy, almost a bit gloomy. Having no formal aspirations, the contractors were – as so often – rather sloppy as well. Scarcely three decades after it was built, the fabric of the building had had its day and extensive fire protection upgrading was due. Moreover, the building had become too cramped, and no longer matched in any way the requirements of a group of companies with now 6,500 employees worldwide. In 2001, management invited architects to bid for the job of modernisation. The workforce was to be stepped up from 120 to 150, a modern and flexible office ground plan was to be created and a new look devised, with

Der Kubus der Hauptverwaltung war gleichzeitig Zentrum und Scharnier des Werkgeländes. Zwischen einem ewig wuchernden Konglomerat von niedrigen Werks- und Lagerhallen und der von einem herrschaftlichen Park umgebenen Villa Mankel platziert, auf einer leichten Anhöhe liegend, wurde das Gebäude noch 1998 im Erdgeschoss um eine spindelförmige Kantine sowie einen Durchgang zum Schulungszentrum erweitert. Das Erhöhen um drei Geschosse war im städtebaulichen Sinne eine Wiederherstellung: Die Firmenzentrale, nun ein beinahe luftig-leichter Turm, ist wieder Dominante des Dorma-Areals. Darüber hinaus sorgt das Wachstum der Etagen für günstigere Proportionen und ein markantes Erscheinungsbild. Das Gebäude wirkt schlanker, eleganter und vor allem prägnanter. Es definiert den Ort neu. Der Clou dabei ist freilich, dass sich die Aufstockung gar nicht als Aufstockung zu erkennen gibt, und man schon sehr genau hinsehen muss, um die Unterschiede zwischen Alt und Neu – etwa beim Aufbau der hinteren Fassadenschicht – identifizieren zu können.

Der Umbau des Gebäudes – es wurde bis auf Traggerüst und Decken zurückgebaut – ging gleichzeitig additiv und subtraktiv vor.[2] Wobei die erwähnte Konstruktion des Altbaus einige Probleme verursachte: Die Deckenfelder liegen auf Unterzügen, die ihre Lasten auf

demolition of the old building being an acceptable option for bidders. KSP Engel und Zimmermann proposed keeping the existing building, developing it, extending it and reorganising the drive and entrance set-up. Because of the particular design of the old building, the structural engineers of Rainer Hempel were involved in the design process from the outset – with success: the design convinced the jury, carried off the first prize and was recommended for implementation.

The cube of the head office was both the centre point and pivot of the site. Situated on a slight prominence between an ever proliferating empire of low workshops and warehouses and the Villa Mankel and its grand park, the building was expanded at ground-floor level in 1998 with the addition of a spindle-shaped canteen and a passageway to the training centre. Raising the building by three storeys was, from an urban planning point of view, a restoration of the status quo ante. The head office, now an almost airily lightweight tower, once again dominates the Dorma site. In addition, the growth in floors gives it more harmonious proportions and a distinctive appearance. The building looks less squat, more elegant and, above all, more impactful. It redefines the place. The joke is, of course, that the additional floors are not in the least recognisable as additional floors, and you have to look very carefully to be able to identify the

Fassadenstützen, zwei mächtigen Mittelstützen und dem Gebäudekern abtragen.[3] Im Erdgeschoss allerdings ist die Fassade auf drei Seiten zurückgesetzt, die Lasten der Fassadenstützen werden von 1,90 Meter hohen Unterzügen unter der Decke zum ersten Obergeschoss abgefangen. Dadurch wirkt das Gebäude wie ein Hängehaus – obwohl es keines ist. Die Aufstockung dagegen gibt sich mit dem Anschein nicht zufrieden, die hängende Konstruktion wurde auch real umgesetzt. Nicht ganz freiwillig, schließlich ließ das System von Unterzügen und Fassadenstützen keine zusätzlichen Lasten zu. Die neuen Lasten werden auf die Innenstützen und den Gebäudekern abgeleitet. Weil der Bau durch die Aufstockung baurechtlich als Hochhaus gilt und deshalb der Kern ohnehin mit Schleusen nachzurüsten war, wurden entstehende Brandschutzanforderungen und die neuen Ansprüche an die Statik kombiniert: Der Kern ist nun 2,83 Meter in Richtung der Mittelstützen erweitert. Die neuen 30 Zentimeter starken Stahlbeton-Wandscheiben wurden dabei kraftschlüssig mit den Bestandsdecken und den Bestandskernwänden verbunden. Der Kern – auf jeder Etage ist nun Platz für eine Teeküche – dient darüber hinaus als Versteifung des Gebäudes. Auf dem Kern sowie auf etwas bauchigen, diagonal verlaufenden Stahlstreben lagert endlich auch der Tragrost über dem Dachgarten, der seiner-

Aufgestocktes Konferenzgeschoss
Additional floor for conferences

›
Schnitt nach Umbau
Cross-section after conversion

differences between old and new, for example, in the construction of the rear façade layer.

The reconstruction of the building – it was stripped back to the load-bearing frame and ceilings – proceeded both by addition and subtraction.[2] The structure of the old building did, however, cause a number of problems: the ceiling panels sit on girders, which deflect the weight onto façade supports, two massive central supports and the core of the building.[3] However, on the ground floor the façade is recessed on three sides. The loads of the façade supports are borne by 1.9-metre-high girders beneath the ceiling to the first floor. Because of this, the building looks like a suspended structure even though it isn't one. With the additional floors, however, mere

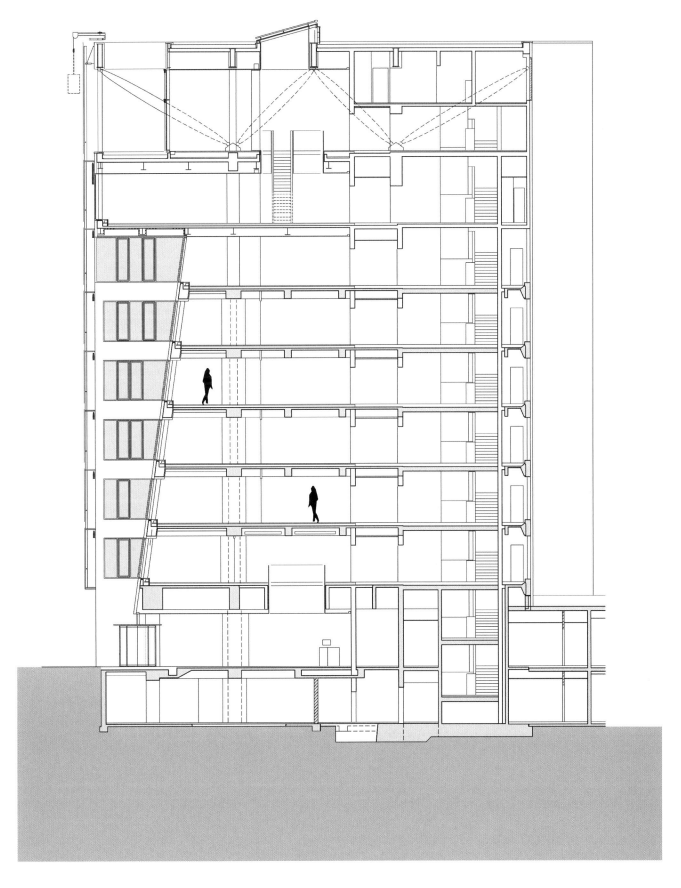

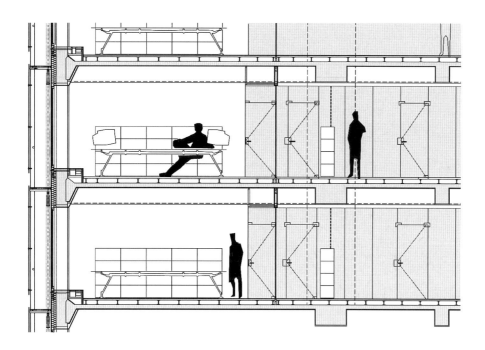

seits die immense Last der Aufstockung – insgesamt
20 Mega-Newton – trägt. So wie die Mittelstützen mit
Stahlmanschetten eine weitere Armierung erfahren
mussten, so war es notwendig, die Fundamente teils
zu verstärken, teils zu erweitern.

Zweite Zutat ist der Glasmantel. Aus der Kunstgeschichte kennt man die Inkrustation, die Verkleidung
von wertvollen Gegenständen mit einer schützend-
schmückenden „Kruste". In diesem Sinne hat auch die
gläserne Haut der umgebauten Dorma-Hauptverwaltung eine witterungsschützende und schallmindernde
Funktion. Darüber hinaus vereint sie Alt und Neu unter
einer ebenso fragilen wie veredelnden Schicht zu einem
überzeugenden Auftritt. Zum dritten dient die Glashülle als Ausstellungs- und Demonstrationsobjekt für
Dorma-Konstruktionselemente – etwa die reduziert-
zarten Punkthalter. Der hinterlüftete Raum zwischen
äußerer Haut und innerer Fassade hat zudem eine
wichtige Aufgabe im Klimakonzept. Die Glasscheiben
sind knapp geschosshoch und versetzt angebracht, was
verbunden mit dem herausgehobenen Standort des
Gebäudes eine windgeschützte Lüftung ermöglicht –
und damit erlaubte, auf den Einbau einer aufwändigen
Klimaanlage zu verzichten. Die Belüftung steuert man
ganz simpel über das Öffnen der Fenster, eingeströmte

Aufbau Fassade der neun Etagen
Façade of additional floors

›

Vorgehängte Glasfassade mit DORMA-Konstruktions-
elementen
Suspended glass façade with DORMA construction products

appearance is not enough, the suspended structure
being a reality there. That was not entirely a matter of
choice, since the system of girders and façade supports
excluded any additional loading. The extra weight is
deflected onto the inner supports and the core of the
building. Because the building now counts legally as a
high-rise building, on account of the additional floors,
meaning that the core had to be equipped with security
gates anyway, the additional fire protection requirements
and the new features were combined in the statics: the
core is now extended 2.83 metres in the direction of the
middle supports. The new 30-centimetre-thick reinforced
concrete shear walls were tied positively with the existing ceilings and existing core walls. The core – there is

Frischluft wird im Gebäudeinneren abgesaugt, wobei der Versatz der Scheiben verhindert, dass im Inneren erwärmte Luft wieder in den Fassadenzwischenbereich gelangt. In diesem Luftraum befindet sich auch – behütet vor Böen oder Windsog sowie Emissionen – der Sonnenschutz.

Ein subtraktives Element dagegen ist jener schräge Einschnitt in das Gebäudevolumen über dem Eingang. Einem fast haushohen Portal gleichend, dringt er wie ein Keil in die Tiefe des Gebäudes und bringt Tageslicht in die vorher doch arg düsteren Büroebenen. Mit gläsernen Trennwänden – ebenfalls aus dem Hause Dorma – erhalten auch Flure Tageslicht. Im Verein mit geschossübergreifenden Lufträumen – Deckenteile wurden herausgeschnitten – entsteht eine großzügige, fast heitere Bürolandschaft mit ebenso hellen wie freundlichen Arbeitsplätzen. Eine offene Raumzone

now room for a tea kitchen on every floor – also serves to stiffen the building. The load-bearing structure above the roof garden, which for its part carries the immense weight of the additional floors (amounting to 20 meganewtons), ultimately sits on the core and the rather bellied diagonal steel struts. The central supports needed further reinforcing with steel collars, while the foundations needed partly reinforcing and partly extending.

The second addition is the glass curtain. The technique of incrustation – covering valuable objects with a protective and decorative 'crust' – is familiar from art history. In this respect, the glazed outer façade of the rebuilt Dorma head office has an anti-weathering and sound-insulation function. Secondly, it unites old and new beneath a layer that is both fragile and enhancing, to give an appealing appearance. The third aspect is that the glass shell also acts as an exhibition and demonstration object for Dorma's construction products, such as

mit einer Vielzahl von Möglichkeiten zur informellen Kommunikation. Die Abhängungen der Decken wurden entfernt, die raumbestimmende Unterzugstruktur wird nun mit einer eigens zusammen mit Zumtobel Staff entwickelten Leuchte intensiviert. Was etwa in den Eckbüros, in denen die Unterzüge sternförmig die Fassaden- mit den Mittelstützen verbinden, einen sehr schönen Effekt bewirkt. Das indirekte Licht der klaren, reduzierten Leuchten sorgt für eine gleichmäßige Ausleuchtung der weißen Deckenfelder und betont die Großzügigkeit der Büroebenen. Buchstäbliche Krönung ist der Dachgarten. Der Aufenthalt auf den Terrassen oder in den drei gläsernen Besprechungs-räumen wird mit einem einzigartigen Rundblick in die Mittelgebirgslandschaft garniert.

Flagship-Building, Showroom, Headquarter: Das Ergeb-nis des Umbaus der Dorma-Hauptverwaltung ist nicht nur eine Erweiterung um einige Hundert Büroquadrat-meter. Der Anspruch der in den umliegenden Werk-hallen hergestellten Teile, Beschläge und Systeme – Gestalt und Funktion, Ästhetik und Rationalität zu ver-binden – wurde in der Firmenzentrale im Sinne einer Corporate Architecture in ein ebenso schlüssiges wie harmonisches Zusammenspiel integriert. Wobei die verborgene Leistungsfähigkeit des Bestandes nicht

the reduced filigree fix point fittings. The back-ventilated space between the outer layer and the inner façade also has an important role in the air-conditioning set-up. The glass panes are barely storey high and somewhat offset, which combined with the exposed position of the build-ing provides for wind-protected ventilation, allowing the installation of an expensive air-conditioning unit to be dispensed with. Ventilation is controlled quite simply by opening the windows. Incoming fresh air is sucked out in the interior of the building, with the offset position of the panes preventing warmed air in the interior getting into the gap between the façades. The sunscreen is also located in this ventilation area, protected from gusts or wind suction and emissions.

One subtracted element is the oblique incision into the volume of the building above the entrance. A portal reaching almost to the height of the building, it cuts into the fabric of the building like a wedge, bringing daylight into the previously terribly gloomy office floors. With their glazed partition walls – likewise provided by Dorma itself – corridors also get natural lighting. Combined with ventilation spaces of above-storey height – parts of the ceiling were cut out – the result is a spacious, almost cheerful office landscape with workplaces that are as light as they are friendly – an open-plan area with a variety of opportunities for informal communication.

‹

Grundriss nach Umbau
Ground plan after conversion

Sichtbare Tragkonstruktion der Erweiterungsflächen
Visible load-bearing structure of the additional floors

negiert (das wäre bei einem Abriss der Fall gewesen), sondern – wie die sternförmig verlaufenden Unterzüge – ans Tageslicht gebracht wurden. Das neue Hauptquartier des globalen Unternehmens Dorma ist insofern auch ein Bekenntnis zu den Leistungen der Vorgängergenerationen. Dass das System der Kräfte und Lasten des neuen Hauses greifbar beeindruckend ist und neugierig macht, lässt sich aus einer kleinen Anekdote bei

The suspensions of the ceilings were removed, with the space-defining girder structure now enhanced by means of a light specially developed jointly with Zumtobel Staff. This produces interesting effects, for example, in the corner offices, where the girders link the façades with the central supports in a star shape. The indirect light of the clear, reduced lights provides even lighting of the white ceiling areas and emphasises the spaciousness of the office levels. Literally the crown of it all is the roof garden. Time spent on the terraces or in the three glazed conference rooms is rewarded with a unique panoramic view of the Mittelgebirge landscape.

A flagship building, showroom and headquarters – the result of the rebuilding of the Dorma head office is not simply a few hundred square metres of extra floor space. The high standards that go into the parts, mounts and systems produced in the surrounding workshops, combining design and function, aesthetics and rationalism,

43

<
Deckenaussparungen zur Belichtung und Erschließung
Cutaway ceilings for lighting and access

Vorgefundene Deckenstruktur der Eckbüros
Newly revealed ceiling structure of the corner offices

Szene von der Eröffnung im Juli 2004
Prior to opening, July 2004

are integrated in the head office in logical and harmonious interplay as corporate architecture. The latent capacities of the existing building were not negated in the process, as would have been the case in the event of demolition. As with the star-shaped girders, they were brought to light. The new head office of Dorma as a global company is in this respect also an affirmation of the achievements of predecessor generations. That the system of forces and loads in the new building is tangibly impressive and arouses curiosity can be concluded from a minor incident at the opening of the building in July 2004, which took place in the presence of Gerhard Schröder. Standing beneath the Dorma crown, the then Federal Chancellor got the architect to explain the whole structure to him in all its details.

1 For a history of the company, cf. *Dorma Story* 1998.
2 There is an excellent account of the rebuild in Holl 2005; Pampe/Adolph 2005, Pampe/Adolph 2004 and Wünschmann 2004 are also informative.
3 For the concept of the new load-bearing structure and the particulars of its implementation, cf. the detailed account by Gahr/Wünschmann/Hempel 2004.

der Eröffnung des Hauses im Juli 2004 erschließen, die in Anwesenheit von Gerhard Schröder stattfand. Unter der Dorma-Krone ließ sich der damalige Bundeskanzler von den Architekten die Konstruktion in allen Einzelheiten erklären.

1 Zur Geschichte des Unternehmens vgl. *Dorma Story* 1998.
2 Einen ausgezeichneten Überblick über den Umbau bietet Holl 2005; informativ auch Pampe/Adolph 2005 sowie Pampe/Adolph 2004 und Wünschmann 2004.
3 Über das Konzept des neuen Tragwerks und die Besonderheiten der Umsetzung vgl. den detaillierten Beitrag von Gahr/Wünschmann/Hempel 2004.

BAUHERR | CLIENT ABG – Allgemeine BauträgergmbH & Co KG

BGF 41.700 m² | GFS 41,700 m²

BRI 177.950 m² | GV 177,950 m²

HNF 19.630 m² | MLA 19,630 m²

GESCHOSSE 25/14 | FLOORS 25/14

FERTIGSTELLUNG | COMPLETED 12/2005

ERFOLGREICHE METAMORPHOSE
A SUCCESSFUL METAMORPHOSIS

GARDEN TOWERS, FRANKFURT AM MAIN

GARDEN TOWERS, FRANKFURT AM MAIN

Anders als etwa Wohngebäude unterliegen Büroimmobilien dem dynamischen Wandel der Arbeitswelt, den strukturellen Veränderungen von Dienstleistungen und Technik. Ein Beispiel ist das 1976 fertig gestellte Hochhaus der Hessischen Landesbank (Helaba) in Frankfurt am Main. Ein für die damaligen Verhältnisse revolutionäres Gebäude, ein Bauwerk, dessen Architekten die technologischen Utopien der „plug-in city" offensichtlich ganz wörtlich genommen und in Beton gegossen hatten. Arthur Drexler, damals Kurator am New Yorker Museum of Modern Art, war von dem Helaba-Turm so begeistert, dass er ihn 1979 in seiner Ausstellung „Transformations in Modern Architecture" zeigte. Doch rund ein Vierteljahrhundert danach stand der einst gefeierte Himmelsstürmer leer. Die Helaba, 1992 zur Landesbank Hessen-Thüringen expandiert, zog 1998 in den benachbarten Maintower um. Auf dem aggressiven Frankfurter Immobilienmarkt war das für einen Eigennutzer konzipierte Gebäude nicht mehr zu vermarkten. Nachdem KSP Engel und Zimmermann zunächst eine Due-Diligence-Studie erarbeit hatten, erhielt das Büro vom neuen Eigentümer den Auftrag, das Hochhaus für die Bedürfnisse anspruchsvoller Einzelmieter umzubauen.

Der 127 Meter hohe Helaba-Turm, gebaut nach den Plänen des Architekturbüros Novotny Mähner, brach

Unlike, for instance, residential buildings, office properties are subject to dynamic changes in the working world and structural changes in services and technology. An example of this is the 1976 high-rise building of the Hessische Landesbank (Helaba) in Frankfurt. In its day, it was a revolutionary building, a structure whose architects had obviously taken the technological utopias of the plug-in city quite literally and cast them in concrete. Arthur Drexler, at the time a curator at MoMA in New York, was so enthusiastic about the Helaba Tower that he included it in his *Transformations in Modern Architecture* exhibition in 1979. But 20 or so years later, the once-celebrated ideal stood empty. In 1998, Helaba, which in 1992 had expanded to become the Landesbank Hessen-Thüringen, moved into the neighbouring Main Tower. On the aggressive Frankfurt commercial property market, the old building – designed for a particular occupant – was no longer marketable. Following an initial due diligence study, KSP Engel und Zimmermann were commissioned by the new owners to convert the skyscraper to meet the requirements of upmarket individual tenants.

127 metres high and designed by the architectural firm of Novotny Mähner, the Helaba Tower broke with all current skyscraper conventions of its day in the bank metropolis.[1] Instead of the usual truncated squares that otherwise sprouted into the Frankfurt sky, there sprang up

<
Die Garden Towers
neben neuem
Helaba-Turm
The Garden Towers
beside the new
Helaba Tower

GARDEN TOWERS, FRANKFURT AM MAIN
GARDEN TOWERS, FRANKFURT AM MAIN

Die Garden Towers neben neuem Helaba-Turm
The Garden Towers beside the new Helaba Tower

mit allen bis dato in der Bankenmetropole bekannten Hochhaus-Konventionen.[1] Statt der üblichen abschlusslosen Quader, die zuvor in den Frankfurter Himmel wuchsen, entstand eine ästhetisch und funktional anspruchsvolle Komposition aus vier unterschiedlich hohen Prismen. Zwei Oktaeder waren als offene Bürolandschaft konzipiert, zwei weitere dienten der Versorgung. Während die Versorgungstürme mit grauem Naturstein verkleidet wurden, war die Hülle der Bürosäulen erstmals in Frankfurt als Spiegelglasfassade ausgebildet. Einige Geschosse des Helaba-Turms waren besonderen Aufgaben vorbehalten. In der Eingangshalle wurden zum Beispiel Räume für Hostessen eingerichtet, im ersten Untergeschoss gab es einen großräumigen Kundentresor, im ersten Obergeschoss eine Schalterhalle. Die EDV-Anlage der Helaba benötigte die Obergeschosse vier bis sechs. Die hierfür erforderliche Klimaanlage lag im extra erhöhten siebten Obergeschoss. Im zwölften Obergeschoss befand sich eine Cafeteria, eine Sozial- und Fitness-Station, im Stockwerk darüber ein Mitarbeiter-Restaurant. Vorstand und Verwaltungsrat speisten dagegen im 14. Geschoss. Die 22. Etage diente Tagungen und Konferenzen, in der Etage darüber schließlich wurde die Haustechnik untergebracht.

an aesthetically and functionally ambitious composition of four prisms of different heights. Two octahedrons were designed as an open office landscape, while two others provided services. The service towers were clad in grey stone, while the exteriors of the office towers were the first in Frankfurt to have reflecting glass. A few floors of the Helaba Tower were reserved for particular functions. In the entrance hall, for example, rooms were fitted out for hostesses, while in the first basement level there was a spacious customer safe-deposit vault, and on the first floor a banking hall. The data-processing set-up at Helaba accounted for floors 4 to 6. The air-conditioning needed for this was on the high-ceiling 7th floor. There was a cafeteria and a social and fitness station on the 12th floor, and an employee's restaurant on the 13th. The board and top management dined on the 14th floor. The 22nd floor was for discussions and conferences. And finally, the floor above accommodated all the technical installations.

Three decades later, this spatial arrangement sounds like something from another age. Buildings conceived in

Schnitt Bestand

Cross-section of the building as it was

Grundriss Regelgeschoss Bestand

Typical floor plan of the building as it was

Grundriss Regelgeschoss nach Umbau

Typical floor plan after conversion

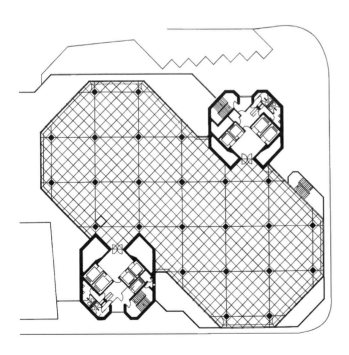

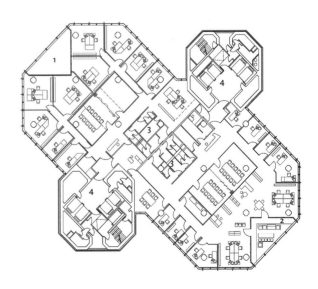

1 Luftraum Wintergarten	1 Air space winter garden
2 Wintergarten	2 Winter garden
3 Servicekern	3 Service core
4 Erschließungskern	4 Utility service shaft

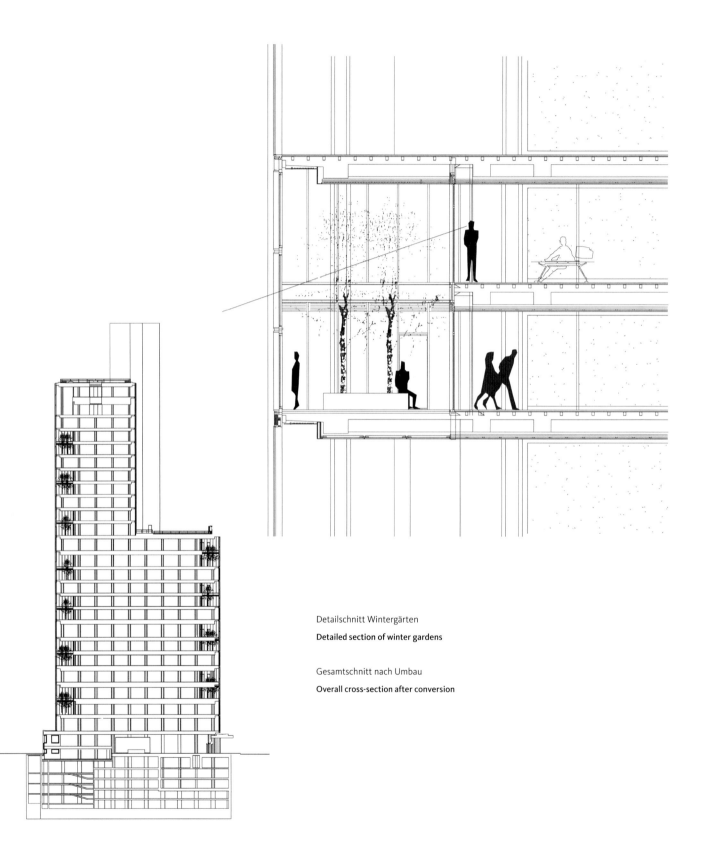

Detailschnitt Wintergärten

Detailed section of winter gardens

Gesamtschnitt nach Umbau

Overall cross-section after conversion

Die Wintergärten bilden sich an der Fassade ab.

The winter gardens are visible on the façade.

Blick aus dem Wintergarten

View from the winter garden

Dieses Raumprogramm klingt drei Dekaden später wie aus einer anderen Zeit. Ein Gebäude, das dem für die Mitarbeiter sorgenden, patriarchalischen Geist der 70er Jahre entspricht, ist in der heutigen Zeit nicht mehr verwertbar. Dem Schicksal des Abrisses entging der Turm durch den Bebauungsplan, der nicht einen Quadratmeter Brutto-Grundfläche (BGF) mehr genehmigte. Die Due-Diligence-Studie stellte die Defizite des Gebäudes heraus, aber auch seine Potentiale und wies Wege auf, das Gebäude so zu verändern, dass es auch für einen Mietermarkt wirtschaftlich interessant ist. Dieses Ergebnis bewog den Investor – ein Konsortium aus ABG-Gruppe, Bayerischer Landesbank und HSH Nordbank – zum Kauf der Immobilie.

the 1970s' patriarchal spirit of caring for employees are no longer usable in the present day. The Tower escaped the fate of demolition as a result of the development plan, which permitted not a single extra square metre of gross floor space (GFS). The KSP due diligence study identified the shortcomings of the building, but also its potential, and suggested ways of changing the building to make it economically viable for leasing. This result induced the investor – a consortium of ABG Group, Bayerische Landesbank and HSH Nordbank – to purchase the property.

The interlinked principles of the conversion, which involved the whole building except for the load-bearing frame, were space efficiency through new zonings and ground plans, winter gardens and new structural technology.[2] For the office floors, a ground plan was developed that enabled a division into two lettable units per floor in the double tower and one lettable unit per floor in the single tower. This makes up to 39 units available with varying office layouts. An important element in this is not only the new full-height windows but particularly the new two-storey winter gardens on the end walls of the likewise new glass façade. The winter gardens, which alternate in the double tower, required v-shaped incisions to be made in the ceilings. The static problems that this gave rise to – in each case it involved cutting into a principal tensile reinforcement strip – were solved by means of

Flächeneffizienz durch neue Zonierungen und Grund-
risse, Wintergärten und neue Gebäudetechnik hießen
die vier ineinander greifenden Pfeiler des Umbaus, der
das ganze Gebäude bis auf das Traggerüst erfasste.[2]
Für die Bürogeschosse wurde ein Grundriss entwickelt,
der im Doppelturm eine Aufteilung in zwei Mietbereiche
und im Einzelturm jeweils eine Mieteinheit pro Etage
ermöglicht. Maximal sind 39 Einheiten mit variabler
Büroflächenstruktur vermietbar. Einen wichtigen Beitrag
dazu leisten nicht nur die neuen raumhohen Fenster,
sondern vor allem die zweigeschossigen Wintergärten
an den Stirnseiten der ebenfalls neuen Glasfassade.
Für die Wintergärten, die im Doppelturm alternieren,
wurden die Decken v-förmig eingeschnitten, wobei die
statischen Probleme – es musste jeweils ein Hauptzug-
Bewehrungsband unterbrochen werden – mithilfe von
neuen Umlenk-Bewehrungslagern gelöst werden konnten. Mit den nicht konditionierten Wintergärten, die
als Ruhe- oder Besprechungsbereiche genutzt werden,
wird die Mittelzone der tiefen Bürogeschosse belichtet
und aufgewertet. An der Fassade bilden sie sich durch
eine horizontale Fensterteilung ab. Und natürlich wird
ihnen auch in der Namensgebung „Garden Towers"
Referenz erwiesen.

Der durch die Wintergärten entstandene Verlust an
BGF konnte durch Nutzung der ehemaligen Technik-
geschosse ausgeglichen werden. Das neu konzipierte,
variable Klimakonzept geht von einer dezentral angeordneten Technik, die auf Grund- und Maximal-
anforderung konzipiert ist, aus. Hoch gedämmte
Fassaden reduzieren den Energieverbrauch des
Grundbetriebs. Die neue Gebäudetechnik befindet
sich in den Schächten der Versorgungstürme, die
früher dem Lufttransport von der Technikzentrale in
die einzelnen Geschosse dienten. Diese geringer di-
mensionierte, aber hoch effiziente Zentrale versorgt
jeweils zwei Geschosse.[3] Über Ringinstallationen in
Decken und Böden, die Luft sowie Heiz- und Kühl-
wasser führen (Heiz- bzw. Kühldecken), werden die
Büroflächen konditioniert. Die thermische Grund-
konditionierung erfolgt über die Luft, wobei man die
Büros mit bodentiefen Lüftungsklappen individuell
regeln kann. Für Maximalanforderungen können auf
Wunsch Ventilator-Konvektoren, sog. Fan-Coil-Units,
eingebaut werden.

Garden Towers im Kontext der Skyline
Garden Towers as part of the skyline

›
Veränderter Eingangsbereich
The new entrance

new deflection reinforcement bearings. Thanks to the
non-conditioned winter gardens, which are used as rest
areas or discussion areas, the centre zones of the deep
office floors get daylight and an enhanced environment.
On the façade, they are indicated by a horizontal window
division. And, of course, the name Garden Towers is also
a reference to them.

The loss of GFS caused by the winter gardens was
offset by the use of the former technology floors. The new
variable air-conditioning scheme based on decentralised
technology provides for basic-level and maximum output
options. Highly insulated façades reduce the basic-level
energy consumption. The new technical installations
are in the shafts of the service towers, which previously

Auch die Anmutung des Gebäudes wurde sanft den aktuellen (Höhen-)Verhältnissen angepasst. Zur Zeit der Fertigstellung erhob sich der Helaba-Turm wie eine Krone über das Frankfurter Bankenviertel, dreißig Jahre später wirkt das Gebäude wie ein halbwüchsiger Stift unter erwachsenen Mitbrüdern. Umbau-Konzept war deswegen, den Turm optisch zu verschlanken. Die Glashülle der Wintergärten etwa liegt etwa 30 Zentimeter tiefer als bei den anderen Seiten des Oktogons. Das dadurch entstehende leichte Relief in der Fassade steigert die Vertikalität des Gebäudes. Die Versorgungstürme erhielten einen silbergrauen Anstrich und eine Verkleidung aus vertikalen Alu-Lamellen. Darüber hinaus wurde der optische Bruch zwischen Erd- und erstem

acted as ventilation systems from the technology control centre to the individual floors. This small-scale but highly efficient control centre serves two storeys at a time.[3] The office floors are conditioned via ring installations in the ceilings and floors that carry ventilation, heating and cooling water (heating and cooling floors). The basic thermal conditioning is effected via the ventilation, with offices being individually adjustable with floor-depth vents. For maximum requirements, fan coil units can be installed if desired.

The appearance of the building was also somewhat adapted to the current (height) landscape. When it was built, the Helaba stood out above Frankfurt's banking quarter like a crown. Thirty years later, the building looks

Garden Towers im Stadtgefüge
Garden Towers as part of the cityscape

›

Foyer in Anlehnung an die Gestaltung
der Entstehungszeit
Lobby in original period style

Obergeschoss aufgehoben. Durch den Abriss des aus-
kragenden Vordachs über dem ersten Obergeschoss
erhielt das Foyer mehr Licht. Die Glasfassade reicht
nun bis ins Erdgeschoss, wodurch das Gebäude eine
Erdung erfährt, die im ursprünglichen Konzept ausdrücklich vermieden werden sollte. Die Eingangshalle
lehnt sich in ihrer Farbgebung den 70er Jahren an,
dunkles exotisches Holz und Naturstein vermitteln als
Kontrast zeitgenössische Repräsentation.

Die Metamorphose des Helaba-Turms in Garden
Towers beschreibt eine geglückte Revitalisierung. Die
räumlichen Qualitäten des Gebäudes wie etwa lichte
Raumhöhen bis zu 3,80 Meter konnten als Anreize für
die Vermietung eingesetzt werden. Voraussetzung war
die frühzeitige Einbeziehung aller wichtigen Planer,
die die entscheidenden Parameter des Rückbaus in-
vestitionssichernd analysieren und ein alle Aspekte

like a half-grown apprentice among adult colleagues. The
conversion scheme therefore envisaged giving it a more
slender look. The glass cladding of the winter gardens,
for example, is set back some 30 centimetres compared
with the other sides of the octagon. The slight relief effect
that this creates in the façade enhances the verticality of
the building. The service towers were finished in silver
grey with a cladding of vertical aluminium slats. In addition,
the visual interruption between ground floor and first
floor was eliminated with the removal of the projecting
roof over the first floor, which also allowed more light
into the lobby. The glass façade now reaches to the ground
floor, earthing the building on terra firma, which was ex-
pressly avoided in the original scheme. The entrance hall
has the colour scheme of the 1970s, with exotic wood and
natural stone providing a contemporary look in contrast.

The metamorphosis of the Helaba Tower into Garden
Towers describes a successful revitalisation. The spatial

umfassendes, nachhaltiges Revitalisierungskonzept entwickeln konnten, das genügend Variabilität und Flexibilität für künftige Nutzerbedürfnisse aufzeigt.

1 Zum Helaba-Turm vgl. Krimmel 1997, S. 334–339, und Dahlkamp 1995. Zur Geschichte der Frankfurter Hochhausbauten siehe Jonak 1997 und Santifaller 1994.

2 Zum Umbau Alexander 2003 und Brake 2004.

3 Das Verlegen der Technikzentralen in die Schächte machte einige Umbauten hinsichtlich Zugänglichkeit und Revisionierbarkeit in den Versorgungstürmen notwendig, wobei die Schächte auch statisch aufgerüstet werden mussten.

qualities of the building and the light ceiling heights up to 3.8 metres can be used as incentives for potential tenants. An indispensable factor was the early involvement of all important planning personnel, who were able to analyse the critical parameters of the revitalisation for investment purposes and develop a long-term, reliable revitalisation scheme covering all aspects and providing sufficient variability and flexibility for future user requirements.

1 For the Helaba Tower, cf. Krimmel 1997, pp. 334–339, and Dahlkamp 1995. For the history of high-rise buildings in Frankfurt, see Jonak 1997 and Santifaller 1994.

2 For the conversion, cf. Alexander 2003 and Brake 2004.

3 Moving the technology control centres into the shafts necessitated some conversion work in the supply towers for accessibility and inspection purposes, which meant the shafts had also to be upgraded structurally.

BAUHERR | CLIENT ESWE Stadtwerke Wiesbaden AG

BGF 15.000 m² | GFS 15,000 m²

BRI 53.000 m² | GV 53,000 m²

FERTIGSTELLUNG | COMPLETED 12/1999

„IN SORGFÄLTIGER ABWÄGUNG DES NOTWENDIGEN MIT DEM SCHÖNEN"
"A CAREFUL TRADE-OFF BETWEEN NECESSITY AND BEAUTY"

ESWE-GEBÄUDE, WIESBADEN

ESWE BUILDING, WIESBADEN

„Aus betrieblichen Gründen mußte das Gebäude so geplant werden, daß es später an verschiedene Interessenten vermietet werden kann."¹ Herbert Rimpl hat mit seiner hier beschriebenen Hauptverwaltung der Berlinischen Lebensversicherung in Wiesbaden große Voraussicht bewiesen. Denn das 1956 fertig gestellte Gebäude hat eine wechselvolle Geschichte erlebt: Wechsel in der Nutzung, Wechsel in den Miet- und Eigentumsverhältnissen. Dass der ehemalige Versicherungsbau, später einmal durch einen Konzert- und Veranstaltungssaal ergänzt, zu einer der angesagtesten Locations im Wiesbadener Kulturleben werden wird, in dem nicht nur Konzerte, sondern auch Lesungen, Bälle und Empfänge, sogar Sitzungen des Magistrats stattfinden, hätte wahrscheinlich auch Rimpls Prognosefähigkeit gesprengt. Und dies, obwohl das Haus, als es 1995 an die ESWE, die Wiesbadener Stadtwerke, überging, von der Lokalpresse als Danaergeschenk stilisiert wurde.² Erst als dann das erweiterte Gebäude fertig und eröffnet war, wandelte sich das Urteil über das Gebäude zum Positiven.³

Die Berlinische Leben verlegte ihre Hauptverwaltung nach dem Zweiten Weltkrieg nach Wiesbaden in ein ebenso repräsentatives wie großzügiges Wohn- und Geschäftshaus in prominenter Lage – am Schillerplatz 2.

"For operational reasons, the building had to be designed so it could later be leased out to various interested parties."¹ Herbert Rimpl showed great foresight with the Wiesbaden head office of the Berlinische Lebensversicherung life inurance company described here. Completed in 1956, the building has had a chequered history: a change of use, change of tenants and change in ownership. That the former insurance building would, thanks to the addition of a concert and events hall, later become one of most sought-after locations in Wiesbaden's cultural life, where not only concerts but also readings, balls, receptions and even council sessions would take place, probably exceeded even Rimpl's wildest expectations. And this came about despite the building being labelled a two-edged gift by the local press when it passed into the hands of ESWE, Wiesbaden's Department of Works, in 1995.² Only when the expanded building was completed and opened did the prejudice against the building turn to positive acclaim.³

After World War II, Berlinische Leben moved its head office to 2 Schillerplatz in Wiesbaden, a prestigious and spacious upmarket residential and retail building in a prominent position. Now listed – it is actually a small collection of several blocks placed one behind the other – it was erected shortly before World War I to a design by Richard Täbner.⁴ It combines elements of neoclassicism

<

ESWE-Gebäude und

Musikakademie

nach dem Umbau

ESWE building and

the music academy

after conversion

Innenhof mit überdachtem Konzertsaal
Interior courtyard with roofed concert hall
Luftbild 1998
Aerial view in 1998

›

Hauptverwaltung der Berlinischen
Lebensversicherung vor dem Umbau
Head office of Berlinische Lebensversicherung,
pre-conversion

Das heute denkmalgeschützte Gebäude – eigentlich
ein kleines Ensemble aus mehreren, hintereinander
gestaffelten Baukörpern wurde kurz vor dem Ersten
Weltkrieg nach Plänen von Richard Täbner errichtet.[4]
Es vereinigt Elemente von Neoklassizismus und
Jugendstil, die bürgerliche Gediegenheit und Großzügigkeit vermitteln. Doch schon wenige Monate nach
dem Umzug wurde das Gebäude zu eng. Vorstand und
Aufsichtsrat beschlossen im Jahre 1953 einen zusätzlichen Neubau und beauftragten nach einem bundesweit ausgeschriebenen Wettbewerb Herbert Rimpl,
quer zum Altbau ein neues Verwaltungsgebäude an
der Friedrichstraße zu errichten. Rimpl, erfahren,
erfolgreich, geachtet, freilich mit höchst delikater
Vergangenheit,[5] entwarf einen für die 50er Jahre
paradigmatischen Bürobau: ein enges hochrechtecki-
ges Raster, eine reiche Verblendung mit römischem
Travertin, rhythmisierte Brüstungsunterteilungen mit
tiefer liegenden Feldern in rotem Marmor, asymme-
trisch gesetzte Eingänge, eine großformatige, fragil
verglaste Ladenfront im Erdgeschoss sowie ein zurück-
gesetztes Dach mit charakteristischer „Rimpl-Welle".
Ein bei aller Sachlichkeit sehr eleganter Stahlbeton-
skelettbau, der in seiner klassischen Vertikalgliederung
trotz aller Natursteinschwere beschwingt und dennoch
nobel wirkt.

and Art Nouveau with an aura of middle-class solidity
and spaciousness. But a mere few months after the move,
the building was already too small. In 1953, the executive
and supervisory boards decided to add an extra building
and, after a nationwide competition, commissioned
Herbert Rimpl to construct a new office building in
Friedrichstrasse, at right angles to the old building. An
experienced, successful, well-regarded architect, though
with a highly delicate past,[5] Rimpl designed a paradigmatic
office building for the 1950s – a tall but narrow rectangular
grid, opulently faced with Roman travertine containing
rhythmicised subdivided parapets with setback fields in

Ebenfalls typisch: eine Auskragung in der vom Dernschen Gelände aus gesehenen rechten Ecke mit Arkade,
der zum zweiten Eingang und zum Altbau am Schillerplatz überleitet. Wobei unterhalb des Überhangs ein
eingetieftes Relief mit christlichen Motiven und an
Ernst Barlach erinnernder Formensprache die Segnungen
des Versicherungsschutzes preist. Nicht nur ästhetisch
setzte der Bau Maßstäbe. Die in diesem Quartier damals
noch unbekannten Dimensionen begründete Rimpl
mit dem „neuen, sehr großen Marktplatz", dessen Süd-
front der achtgeschossige Baukörper der Berlinischen
Leben sein sollte.[6] Interessant dabei ist, dass Rimpl das

red marble, asymmetrically placed entrances, a large,
fragile, glazed store front on the ground floor plus a
recessed roof with the typical 'Rimpl Ripple'. For all
its matter-of-factness, it is a very elegant skeleton reinforced concrete building that, despite all the heaviness
of the natural stone, exhilarates and nonetheless looks
distinguished.

Likewise typical is the projection in the right-hand
corner (as seen from the Dernsche Gelände) with arcade
that leads to the second entrance and the old building in
Schillerplatz. Beneath the overhanging part is an inset
relief with Christian motifs in a sort of Barlach vein that

Hauptgebäude als Eyecatcher komponiert hat, das die anderen Teile des Ensembles optisch zurückdrängt. Wegen späterer Vermietbarkeit der einzelnen Etagen hatte Rimpl zwei „gleichwertige Eingänge" und die Möglichkeit, die Büroflure in der Mitte zu teilen, bereits eingeplant. Auch der Haustechnik ließ der Architekt alles angedeihen, was damals neueste technische Errungenschaft war:[7] Hochdruck-Klimaanlagen für die Büros mit Schallschluckschleusen, Niederdruck-Klimaanlage für Sonderräume und Kantinenküche, Freon-Kühlung, Rückkühlwerk und Isolierverglasung. Neben seiner architektonischen und „stadtbaugeschichtlichen" Qualität wurde das Gebäude wegen seiner zeittypischen Merkmale in die Wiesbadener Denkmalliste aufgenommen.

Es waren gerade diese Innovationen, die in Verbindung mit späteren Umbaumaßnahmen durch die Versicherung und der Stadt Probleme bereiteten. Längst war das Gebäude in städtischen Besitz übergegangen, hatte mehr als ein Jahrzehnt als Ordnungs- und Einwohnermeldeamt gedient, als es zum Jahreswechsel 1993/94 evakuiert werden musste. Grund waren Belastungen der Atemluft durch Schimmelpilzbefall. Rimpl hatte die Luftzu- und abführung an der Fassade hinter eleganten Holzbrüstungen verborgen. Als man bei einer Sanierung neue, luftdichte Fenster einbaute, wurde dieser Luftstrom

Ansicht Dernsches Gelände
View of Dernsches Gelände

›
Schnitt nach Umbau
Cross-section after conversion

Grundriss Erdgeschoss mit Konzertsaal
Floor plan of the ground level with concert hall

extols the blessings of being insured. The building set standards not only aesthetically. Buildings of these dimensions were wholly unknown in this part of the city, and were justified by Rimpl by the "new, very large marketplace", the south front of which would be the eight-storey corpus of Berlinische Leben.[6] The interesting thing is that Rimpl designed the main building as an eye-catcher that would visually push back the other parts of the ensemble. With the later rentability of individual floors in mind, he had already planned for two entrances of equal status and the possibility of dividing the office corridor down the middle. In terms of technical installations, the

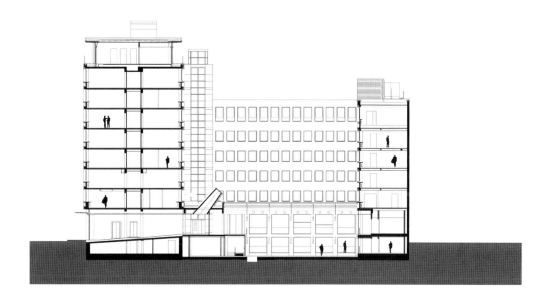

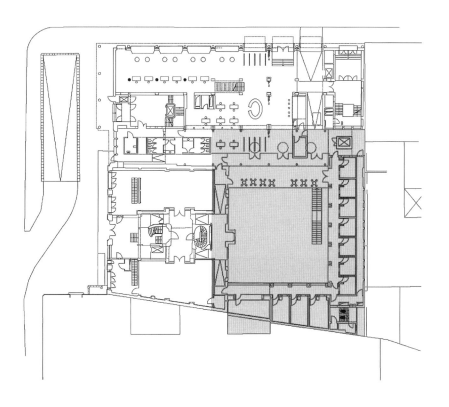

Konzertsaal mit Umgang und Übungsräumen
Concert hall with ambulatory and practice rooms

›
Zwischen den Volumen des Täbner-Baus schafft ein
Glasdach mediterrane Innenräume.
**A glass roof between the volumes of the Täbner Building
creates a Mediterranean feel.**

unterbrochen. In Kombination mit fehlender Wärmedämmung bildete sich Kondensat, was dann zu Pilz-
befall führte. Die Lüftungsanlage verteilte schließlich
den Pilz im ganzen Haus. Darüber hinaus waren die
Befestigungsanker der Travertin-Fassade aufgrund der
Kondensatbildung inzwischen derart korrodiert, dass
alle Natursteinplatten abgenommen werden mussten.
Kleine Ursache, große Wirkung. Die Stadt verkaufte das
gesperrte Gebäude für umgerechnet 9 Millionen Euro
den Wiesbadener Stadtwerken ESWE mit der Auflage,
es für städtische Nutzungen instand zu setzen. Es wurde
ein Revitalisierungskonzept entwickelt, bei dem möglichst viele der vorhandenen Raumstrukturen, Material-
oberflächen – und insgesamt der Charakter – der ursprünglichen Architektur erhalten werden sollten.

Heute bietet das Ensemble nach seiner Frischzellenkur
eine sehr differenzierte Nutzungsstruktur. Das Erdgeschoss des Hauptbaus belegt eine Bankfiliale. In den
weiteren Bürogeschossen sind verschiedene städtische
Einrichtungen untergebracht – u. a. das Schulamt, das
Kulturamt und das Kulturdezernat. Das Dachgeschoss
nutzt ein Schulungszentrum eines privaten Anbieters,
den Seitenbau im Hof eine Softwarefirma. In das zweite
Obergeschoss des Hauptbaus lädt die städtische Musik-
bibliothek ihre Leser ein – für eine ganze Reihe davon

architect also provided all the latest and most up-to-date
equipment[7] – high-pressure air-conditioning for the
offices with sound-absorption baffles, low-pressure air-
conditioning for special rooms and the canteen kitchen,
Freon cooling, recooling plant and double-glazing. Apart
from its architectural and 'urban planning history' quality,
the building was listed for having features characteristic
of the time.

It was these very innovations, combined with later
conversion work by the insurance company and the city,
that caused problems. The building had long been in
municipal ownership and had been used for more than a

ist es nicht weit: Die städtische Musikakademie sowie die Musik- und Kunstschule nutzen das dritte Obergeschoss, Teile des Seitenbaus sowie den gesamten Täbner-Bau. Neues Herzstück des Ensembles, wenngleich von außen nicht einsehbar, ist das „ESWE-Forum". Früher als Parkplatz genutzt, wurde der Innenhof im Zuge der Revitalisierung abgesenkt und ein flexibel nutzbarer Veranstaltungs-, Konzert- und Ausstellungssaal unter einem filigranen Glasdach geschaffen. Erschlossen von der Friedrichstraße, befinden sich Foyer, Kartenverkauf, Garderobe und Sanitäranlagen für das Forum im Erdgeschoss des Hauptbaus. Drei skulpturale Lichtkanonen sorgen für die Belichtung. Der sachlich-elegant gehaltene Saal selbst ist technisch für eine Vielzahl von Veranstaltungen gerüstet.

Mit einem Griff in die Baugeschichte wurde die Nähe des Forums zur Musikakademie bzw. -schule nicht nur als funktionaler Zusammenhang, sondern auch als atmosphärisch dichtes Erlebnis inszeniert. Um Übungsräume zu schaffen, wurden im Untergeschoss Gebäudeteile neu gebaut. Über einen umlaufenden Gang und großformatige Glasscheiben sind diese Räume optisch mit dem Veranstaltungssaal verbunden. Die einem Kreuzgang ähnelnde Raumkomposition suggeriert den Konzertbesuchern, sich gleichsam am Produktionsort von Musik zu befinden, während die Musikschüler ihr künftiges Publikum betrachten können. Die Umgänge dienen zudem als Schallpuffer. Bei der Musikschule selbst sorgt ein weiteres, in seiner Konstruktion letztlich simples Glasdach über dem einstmals offenen Innenhof für eine fast mediterrane Atmosphäre. Stühle, Tische, zurückhaltende Bepflanzung unter schützendem Dach schaffen eine Piazza mit zahlreichen Durch- und Ausblicken sowie unterschiedlichen Raumsituationen, wobei Anstriche mit warmen Farben die Baukörper einzeln ablesbar machen.

Die Kooperation mit den Denkmalschützern war auch bei der Sanierung des Hauptbaus fruchtbar und, bedingt durch dessen angegriffenen Zustand, noch intensiver. Der Bauherr entschloss sich für einen kompletten Austausch der Natursteinplatten, dadurch konnte man die Fassade entsprechend heutigen Vorschriften isolieren. Zudem wurden die ehemaligen Natursteinfensterwände durch einen ungefähr gleichfarbigen Lackanstrich er-

>
Sanierte Natursteinfassade
The refurbished natural stone façade

decade as the town clerk's office and residents' registration office when, at the turn of 1993/94, it had to be evacuated. The reason was pollution of the internal air by the spread of mould. Rimpl had hidden the air supply and outflow behind elegant wooden parapets on the façade. When new airtight windows were installed during refurbishing, this flow of air was interrupted. Combined with a lack of thermal insulation, this led to condensation forming, which then encouraged mould. The ventilation system eventually distributed the fungus throughout the building. In addition, the formation of condensation had meanwhile corroded the fixings of the travertine façade to such an extent that all the stone slabs had to be taken off. A small cause, a major effect. The city sold the closed building for the equivalent of 9 million euros to Wiesbaden's Department of Works on condition that it renovate it for municipal uses. A revitalisation concept was developed in which as many of the existing room structures, and material surfaces as possible – and in general the character of the original architecture – were to be retained.

Following its live-cell treatment, the ensemble now offers a very differentiated structure of utilisation. The branch of a bank occupies the ground floor of the main building. Various municipal institutions are accommodated on the other office floors, including the education authority and a pair of cultural bodies. The roof storey is used by a private firm as a training centre, while a software firm uses the side building in the courtyard. The municipal music library is lodged on the second storey, many of its users being close at hand – the municipal music academy and the music and arts school use the third floor, parts of the adjacent building and the whole Täbner building. The new heart of the complex, even if not obvious from outside, is the ESWE Forum.

setzt. Auch das ursprünglich gerade mal nur acht Zentimeter dünne Wellendach ist aus Gründen der Dämmung
heute dicker als vorher, da aber das als Isolierung die-
nende Schaumglas konisch auf den Dachrand zuläuft,
erscheint es dennoch schlanker, als es in Wahrheit ist –
und genügt aktuellen Brandschutzanforderungen. Außerdem wurden weder neue Löcher noch andere Durch-
brüche in das Dach gebohrt. Mühe machte die Sanierung
des Aufzugs, den Rimpl in die Mitte des Haupttreppen-
hauses gesetzt hatte. Die ungewöhnliche Form dieses
Aufzugs, der, um das Treppenhaus nicht allzu stark zu do-
minieren, einen Schacht aus Drahtspiegelglas aufweist,

Previously used as a parking lot, the inner courtyard was
lowered in the course of revitalisation in order to create
a multi-purpose events, concert and exhibition hall
beneath a filigree glass roof. Accessed from Friedrichstrasse, the foyer, box office, cloakroom and sanitary
facilities for the Forum are located on the ground floor
of the main building. The lighting is provided by three
sculptured light cannons. Despite its cool elegance, the
hall is technically equipped for a variety of events.

Taking a leaf out of architectural history, the prox-
imity of the Forum to the music academy and music
school was set out not only as a functional connection

konnte erhalten werden. Zerbrochenes Glas wurde ersetzt, die Kabine erneuert, und, um die Förderleistung zu steigern, wurden Schiebetüren eingebaut. Mit verglasten Flächen auf den Absätzen des Treppenhauses vor den Bürogeschossen konnte dessen Helligkeit bewahrt und dennoch den Brandschutzvorschriften genügt werden.

Die Schaufenster im Erdgeschoss mit ihren schlanken Messingprofilen behielten ihre Fragilität von einst. Innen jedoch erhielten sie aus energetischen Gründen eine zweite, kleinteilige Schicht aus Isolierglas. Dadurch, dass die Rahmen des neuen Elements anthrazitfarben gestrichen wurden, fallen sie nicht weiter auf. Die Anlagen der Haustechnik wurden komplett ausgetauscht, kontaminierte Teile entfernt, die winkelförmigen Verkleidungen der Fensterbänke und Brüstungen aus Ulmenholz durch neue aus dem gleichen Material ersetzt. Die ganze Technik, Kanäle, Installationen, Heizkörper, wird unter diesen Platten geführt, um die ursprüngliche Anmutung zu erhalten. Im siebten Obergeschoss wurden sogar zwei Direktorenbüros restauriert. Auch Beschläge, Türgriffe oder Bodenbeläge konnten erhalten werden. Für den durch die öffentlichen Nutzungen zu erwartenden Besucherverkehr musste das Tragwerk nachgerüstet werden. Dies geschah im Wesentlichen durch eine Klebebewährung, bei der Grafitbänder die lastabtragenden Kerne und Wände unterstützen.

In der Substanz belassen und doch den heutigen Ansprüchen genügen: Bei einem Denkmal der Moderne wie der ehemaligen Hauptverwaltung der Berlinischen Leben erfordert dies eine Vielzahl von kreativen Einzellösungen. Nicht nur die Fassade, nicht nur der Baukörper, sondern einmal mehr sind es die vielen Details, die in der Summe den ursprünglichen Eindruck bewahren. Manchmal bedarf es aber auch der neuen, zunächst wesensfremd erscheinenden Zutat – in diesem Fall dem ESWE-Forum –, um einem alten Gebäude nicht nur neues Leben zuzuführen, sondern auch öffentliche Aufmerksamkeit zu erringen. Das sorgfältige Abwägen des Notwendigen mit dem Schönen, jene Selbstvergewisserung, mit der die Bauherren von einst ihre Absichten überhöhten, kann auch für das revitalisierte Gebäude gelten.

Restaurierter Glasaufzug
Restored glass lift

but also as a highly atmospheric experience. To create practice rooms, parts of the building in the basement were rebuilt. These rooms are linked visually with the main hall by an ambulatory corridor and large glass panels in a kind of cloister arrangement. This spatial layout suggests to concert-goers that they are effectively in a place where music is produced, while music students can see their future public. The ambulatory also acts as a sound buffer. In the music school itself, another ultimately very simply designed glass roof over the former open courtyard provides an almost Mediterranean atmosphere. Chairs, tables and discreet greenery beneath the shelter of the roof create a plaza with numerous cross views and external outlooks and different spatial situations, with surfaces painted in warm colours making it easy to identify the individual buildings.

The cooperation with the Conservation Department was fruitful with the refurbishing of the main building as well, and because of its dilapidated condition, even closer. In the end, the client opted for the stone cladding to be completely replaced, so that the façade could be insulated in accordance with present-day regulations. In addition, the former stone window walls were replaced by paint of approximately the same colour. The roof ripple – formerly a mere 8 cm thick – is now thicker than it was for insulation reasons, but as the cellular glass acting as insulation tapers conically towards the edge of the roof, it appears thinner than it really is – and meets current fire protection requirements. Moreover, no new holes or other perforations were drilled in the roof. Refurbishing the lift was troublesome, since Rimpl placed it in the centre of the main stairwell. The unusual shape of this lift, which has a shaft of reinforced wire glass so as not to dominate the stairwell too strongly, was nonetheless retained. Broken glass was replaced, the lift restored and, in order to increase its carrying capacity, sliding

doors were inserted. With glazed surfaces on the half landings of stairwells leading to the office storeys, it was possible to retain adequate daylight while still complying with fire regulations.

With their slender brass profiles the shop windows on the ground floor retained their previous fragility. However, for energy efficiency they were given a second double-glazed layer inside, made up of small sections. The frames of the new layer are inconspicuous thanks to their having been painted an anthracite colour. The domestic installations were completely renovated, contaminated parts removed, and the angled cladding of the window sills made of elm were replaced with new ones of the same material. All the technical fittings, ducts, installations and heating fitments were placed beneath these slabs in order to preserve the original appearance. Two directors' offices on the seventh floor were also restored. Mountings, door handles and floor fitments were also retained. The load-bearing structure had to be reinforced for the expected footfall public uses would give rise to. This was effected basically by means of adhesive reinforcement in which strips of graphite support the load-deflecting cores and walls.

Left basically as it was, yet compliant with modern requirements – in the case of a monument of modernism like the former head office of Berlinische Leben, this requires a good many individual creative solutions. It is not just a matter of the façade or main fabric, it is much more the many details that in sum preserve the original impression. But sometimes it also requires a new and, at first, seemingly alien extra feature – in this case, the ESWE Forum – not only to bring new life to an old building but also to attract public attention. The careful trade-off between necessity and beauty – that self-assurance with which the clients of yesteryear surpassed their intentions – can also apply to the revitalised building.

1 Rimpl 1959, S. 230.

2 Müller-Gerbes 1999.

3 Müller-Gerbes 2000.

4 Zu denBauten von Täbner und Rimpl vgl. Dilger 1995, S. 51; Russ 2005, S. 443–444.

5 Vgl. Durth 1992; Wiederspahn 1992; Wagner 2007; Sollich 2008.

6 Rimpl 1959, S. 230. Zum Dernschen Gelände vgl. Bodenbach 1995.

7 Vgl. Klass 1961, S. 109.

1 Rimpl 1959, p. 230

2 Müller-Gerbes 1999

3 Müller-Gerbes 2000

4 For the Täbner and Rimpl buildings, cf. Dilger 1995, p. 51; Russ 2005, pp. 443–444.

5 Cf. Durth 1992; Wiederspahn 1992; Wagner 2007; Sollich 2008

6 Rimpl 1959, p. 230. For the Dernsches Gelände, cf. Bodenbach 1995.

7 Cf. Klass 1961, p. 109

„ERST KOMMT DIE ANAMNESE, DANN DIE DIAGNOSE UND DARAUF FOLGT DIE THERAPIE"
"FIRST THE ANAMNESIS, THEN THE DIAGNOSIS AND AFTER THAT, THE THERAPY"

EIN GESPRÄCH MIT RAINER HEMPEL, INGENIEUR, TRAGWERKSPLANER
UND PROFESSOR AN DER FAKULTÄT ARCHITEKTUR, FACHHOCHSCHULE KÖLN
**A CONVERSATION WITH RAINER HEMPEL, STRUCTURAL ENGINEER AND DESIGNER
AND PROFESSOR AT THE FACULTY OF ARCHITECTURE, COLOGNE FACHHOCHSCHULE**

Bestandsentwicklung ist derzeit en vogue. Herr Prof. Hempel, wie erleben Sie diese Welle auf der Ebene des Tragwerksplaners?
Bei den Bestandsgebäuden im Alter zwischen 25 und 50 Jahren ist ein großer Sanierungsstau entstanden, der nun verstärkt abgebaut wird. Wir sind seit über 25 Jahren in dem Arbeitsfeld der Sicherung, Sanierung und Ertüchtigung tätig und gerade weil jedes Gebäude ein Unikat darstellt, ist es wichtig, sich eine geeignete Vorgehensweise zurechtzulegen. Wenn man eine Bestandsimmobilie wirtschaftlich nutzen und sie deshalb revitalisieren will, besteht die wichtigste Aufgabe für die beteiligten Planer darin, die Struktur zu verstehen. Man muss also die Substanz kennen bzw. kennen lernen, deshalb ist die Anamnese sehr wichtig. Nachfolgend können dann bei der Diagnose u. a. Stärken- und Schwächenanalysen erstellt werden. Im Zuge der Therapie, der Sanierung, sollten die Stärken genutzt und die Schwächen beseitigt werden. Grundsätzlich kann man aus den Bürogebäuden der 60er und 70er Jahre, wenn sie denn einigermaßen qualitätvoll sind, in der Regel ein gehöriges Potential generieren. Man muss sich in das Gebäude hineindenken, die Tragwirkung erkennen, die statisch-konstruktiven Eingriffe nur gezielt standsicherheitsfördernd einsetzen und nicht mit übertriebenen Maßnahmen die Tragkonstruktion „kaputt sanieren".

Redeveloping old buildings is currently in fashion. How does this fashion affect you at the level of structural design, Professor Hempel?
There's a great logjam of buildings between 25 and 50 years old awaiting renovation that is now being steadily reduced. We've been working in the field of safety, renovation and refurbishing for more than 25 years, and the very fact that every building represents a one-off makes it important to work out a suitable procedure. If you're intending to use an older property commercially and therefore want to revitalise it, the most important task for the designers involved is to understand the structure. That means you do have to know or get to know the fabric, which is why the anamnesis is very important. Subsequently, an analysis of strengths and weaknesses can be undertaken during the diagnosis. In the course of the therapy, that is to say, the renovation, strengths should be made use of and weaknesses eliminated. Basically, you can generate appropriate potential from office buildings of the 60s and 70s, provided they are of a reasonable quality. You have to think yourself into the building, identify the load-bearing capacity and interfere with the statics and the design very selectively solely to promote stability, and to avoid ruining the structural design with 'overkill improvements'.

<
Bibliothek der
Hochschule für
bildende Künste,
Braunschweig
**Library of the
Hochschule für
bildende Künste,
Brunswick**

Ein Schreiner würde sagen, das Holz ist mit der Maserung zu sägen – und nicht gegen sie. Muss man also in der Logik des Systems bleiben und nicht dagegen arbeiten?
Prinzipiell gibt es immer mehrere Möglichkeiten. Wir müssen deshalb in Alternativen denken, planen und diese anschließend bewerten. Im System der Lastabtragung zu bleiben ist generell sinnvoll. Und trotzdem können wir auch tragende Elemente entfernen und z. B. mehrgeschossige Stützen abfangen. Wir sollten dies aber nicht zur Regel machen, denn dann würden die Aspekte der Wirtschaftlichkeit und der Angemessenheit völlig negiert werden.

Das umgebaute Dorma-Gebäude folgt diesen Gedanken. Dessen Tragwerk stand nicht einfach auf dem Boden, sondern war scheinbar abgehängt. Das Umbaukonzept und die Aufstockung bedeutete nicht einfach eine Erhöhung, sondern eine Art Überhöhung des Gebäudes.
Das neue Tragwerk stärkt die Grundidee der ursprünglichen Konstruktion. Die beiden Innenstützen wurden konditioniert, damit sie die Lasten aus den zusätzlichen Geschossen und dem Dachgarten abtragen können. An dem über dem Dach angeordneten Trägerrost sind die beiden zusätzlichen Geschossdecken der Aufstockung und die neue Glasfassade, die wie ein Mantel über allem hängt, als Hängekonstruktion ausgeführt worden. Die diagonalen Streben unter dem Trägerrost geben ihre Lasten an die beiden Innenstützen und den Kern ab. Diese Lösung erscheint einfach und selbstverständlich. Sehr schön war, dass das Modell, das wir beim Wettbewerb präsentierten, mit dem gebauten Original hundert Prozent übereinstimmt.

Das Zusammenspiel zwischen Tragwerksplanenden und Architekten ist aufgrund von scheinbar ökonomischen

A joiner would say, you saw the wood along the grain – and not across it. So you have do work within the logic of the system and not against it?
In principle, there are always several possibilities. We therefore have to think, design and subsequently evaluate alternatives. It generally makes sense to stick with the existing load-bearing system. Nevertheless, we can also remove load-bearing elements and, for example, prop up multi-storey supports. But we need to avoid making a habit of it, for this would completely negate the economic aspect, as well as that of appropriateness.

The converted Dorma Building follows these ideas. Far from simply standing on the ground, its structure was apparently suspended. The conversion plan and additional floors meant not only increasing the height but kind of superelevating the building.
The new structure reinforces the basic idea of the original design. The two internal supports were conditioned so they could carry the weight of the additional floors and roof garden. The two additional floor slabs of the extra storeys and the new glass façade, which is suspended like a curtain over everything, were carried out as a suspended structure on a girder grid positioned over the roof. The diagonal struts beneath the girder grid distribute their loads onto the two supports and the core. This solution seems simple and obvious. The nice thing was that the model that we submitted in the competition tallied entirely with the original structure.

The interplay between structural designers and architects has unfortunately got rather lost because of apparent economic constraints. Isn't it the case that, particularly with existing properties, the specialist engineers involved get round a table together as early as possible to work out prompt solutions and alternatives, in case surprises turn up?
Before we do structural designs for an existing building we insist that clients commission an anamnesis of the structural design and the materials, so the whole structural and architectural history of the building is worked out and any construction documentation available is looked at. Subsequently, the geometry and materials are investigated by sampling. Only then can the strengths and weaknesses in a building like that be assessed.

Zwängen leider ein Stück weit verloren gegangen. Ist es nicht so, dass man, gerade bei Bestandsimmobilien, so denn die beteiligten Fachplaner möglichst frühzeitig am gemeinsamen Tisch sitzen, zeitnah Lösungen, Alternativen erarbeiten kann, wenn Überraschungen auftreten?

Bevor wir ein Bestandsgebäude tragwerksplanerisch bearbeiten, raten wir dem Bauherrn eindringlich, eine konstruktive und werkstofftechnische Anamnese zu beauftragen. Das heißt, die ganze Konstruktions- und Baugeschichte eines Gebäudes wird aufgearbeitet, Bauakten – sofern vorhanden – werden gesichtet. Anschließend werden stichprobenartig Geometrien und Werkstoffe untersucht. Erst danach kann man die Stärken und die Schwächen eines solchen Gebäudes bewerten. Diese sind in Zusammenarbeit mit den Architekten und den anderen Fachplanern im Entwurf konstruktiv zu nutzen. Nur durch eine frühzeitige integrierte Planung können wirtschaftliche Lösungen entstehen. Bei den Garden Towers in Frankfurt haben wir zum Beispiel wenig geeignete Flächen den Wintergärten geopfert. Durch diese Maßnahme erhalten jetzt die Büros eine deutlich bessere Belichtung. Dieses „Flächenopfer" wurde durch Flächengewinne, die durch Änderung der Haustechnik von zentral zu dezentral generiert wurden, mehr als wettgemacht.

Was passiert, wenn der Tragwerksplaner bei einer Revitalisierung nicht frühzeitig einbezogen wird?

Dann beginnt irgendwann die Flickschusterei, die fachlich bedenklich ist und aus der wirtschaftlich schnell ein Desaster entstehen kann. Weil man dann „plötzlich" etwas „Unvorhersehbares" feststellt, worauf man reagieren muss. Man gibt also das Zepter aus der Hand. Man ist nicht mehr der Handelnde, sondern der Reagierende. Bei den Garden Towers erhielten wir alle alten Bauakten. Zwanzig Umzugskartons, alles war wunderbar geordnet und vollständig. Wir haben diese Akten gesichtet und sogar Schalpläne entdeckt. Aus langjähriger Erfahrung mit derartigen Gebäuden haben wir dann eine generelle Vorgehensweise entwickelt, zum Beispiel die Lage und Größe der Öffnungen an den Kernwänden mit dem Planstand zu vergleichen. Die Aufzugstüren waren anders positioniert als in den Ausführungsplänen dargestellt. Die Aussparungen für die Haustechnik und für die Lüftung befanden sich ebenfalls an ganz anderen Stellen. Die gebaute Realität

These can be constructively exploited in collaboration with the architects and other consultants or planners involved in the design. Viable solutions can be arrived at only by integrated planning at an early stage. In the case of the Garden Towers in Frankfurt, for example, we ceded less suitable floor space to the Winter Gardens. As a result of this step, the offices now get markedly better lighting. The loss of floor space was more than offset by new floor space gained by decentralising the technical installations.

What happens if the structural designers are not involved in the renovation early enough?

Then at some time, patching up becomes necessary, which is technically dubious and financially can soon lead to disaster. Because you 'suddenly' discover something 'unexpected' you have to react to. In other words, you lose control. You're no longer acting but reacting. At the Garden Towers, we were given all the old building documentation – 20 packing cases of it, everything wonderfully arranged and complete. We took a look at these documents and discovered even formwork drawings. From many years of experience with buildings of that kind, we then developed a general procedure, for example, comparing the position and size of the apertures in the core walls with the drawings. The lift doors were in a different position from the one shown in the final plans. And the gaps for the HVACR were likewise in completely different positions. The building as built didn't match the drawings we had. After lengthy research, we discovered the actual final drawings for the formwork and reinforcements in the records of the building contractor who built the building. These investigations were like detective work – and they saved the client several hundred thousand euros.

To avoid surprises, documentation of the building and planning processes are becoming more and more important. The question is, of course, whether (office) buildings can be classified according to the decade in which they were built. Or is each building a one-off?

At the beginning of the last century, office buildings were generally built of reinforced concrete and iron. From 1920 on, you then get skeleton structures with floors of reinforced concrete and stiffening cores. Later, very many frame-like structures were built. Supports and

stimmte nicht mit dem vorhandenen Planungsstand überein. Nach langwierigen Nachforschungen haben wir im Archiv der Bauunternehmung, die das Haus gebaut hat, schließlich den letzten Stand der Schal- und Bewehrungspläne gefunden. Die Nachforschungen waren einer Detektivarbeit vergleichbar – und sie ersparten dem Bauherrn mehrere Hunderttausend Euro.

Um solche Überraschungen zu vermeiden, wird die Dokumentation des Bau- und Planungsprozesses immer wichtiger. Allerdings stellt sich die Frage, ob man (Büro-) Gebäude nach ihren Entstehungsjahrzehnten klassifizieren kann. Oder ist jedes ein Unikat?
Die Bürogebäude waren zu Beginn des vergangenen Jahrhunderts in der Regel Eisenbeton- und Eisenkonstruktionen. Ab 1920 findet man dann schon Skelettbauten mit Geschossdecken aus Eisenbeton und aussteifenden Kernen. Später sind sehr viele rahmenartige Strukturen entstanden. Stützen und Unterzüge wurden biegesteif miteinander verbunden. Die geometrischen Aufweitungen an den Rahmenecken der Stockwerksrahmen, die sog. Vouten, sind ganz typisch für die 30er und 50er Jahre.

Es gab also Unterschiede in den Werkstoffen und in den Konstruktionen. Wie wirkt sich das etwa bei Bürogebäuden aus den 50er Jahren aus?
In der Mangelwirtschaft der Nachkriegsjahre waren die Werkstoffqualitäten ein großes Problem. In der Betontechnologie hinkte Deutschland dem internationalen Standard zwei Jahrzehnte hinterher. In Amerika gab es schon seit Mitte der 30er Jahre gerippten Betonstahl. In Deutschland hingegen gab es bis Mitte der 50er Jahre nur glatten Betonstahl. Die Verbundforschung begann erst Anfang der 50er Jahre. Insgesamt tragfähigere Konstruktionen entstanden dann ab Ende der 50er Jahre durch den Einsatz des gerippten Betonstahls, der dann auch in höheren Stahlgüten vorlag. Auch die Betonqualitäten wurden besser, weil die Zuschlagstoffe gewaschen wurden. Wir haben viele Gebäude – auch Industriedenkmäler – aus den 30er und den 50er Jahren saniert und häufig sehr schlechte Betonqualitäten festgestellt. Wobei die Zementgehalte sogar den damaligen Normen entsprachen, die Zuschläge allerdings bindige Beimengungen enthielten. Um auch für diese schlechten Betonqualitäten Standsicherheitsnachweise durchführen

bearers were joined together for rigidity. Geometrical widenings at the corners of the frame in multi-storey frames – known as haunches – are quite typical of the 30s and 50s.

So there were differences in the materials and designs. How does that affect office buildings from the 50s, for example?
With the great shortages of the post-war years, the quality of materials was a great problem. In concrete technology, Germany limped two decades behind international standards. In America, there had been ribbed reinforced concrete from the mid-30s on. In Germany, however, there was only smooth reinforced concrete until the mid-50s. Research into composites did not begin until the early 50s. Overall, better load-bearing designs were constructed from the end of the 50s on through the use of ribbed reinforced concrete, which also used higher grades of steel. The quality of the concrete also improved, because the aggregates were washed. We've renovated many buildings – including historic industrial buildings – from the 30s and the 50s, and have often discovered very poor-quality concrete. Although the cement content might even be up to standards of the time, the aggregates contained viscous impurities. To be able to carry out safety investigations on bad-quality concrete like this, I developed my own engineering-type specification procedure, which took into account individual aspects of the existing building. A few weeks ago, I was called to an office building that was to be renovated. The drawings had been finished, and the contractor was already at work. Then they 'happened' to notice that the concrete grades were very bad. In the old building documents, B300 had been specified. Tests showed, however, the actual quality was only B80. If a proper anamnesis had been carried out in advance, followed by an appropriate diagnosis, planning decisions alone would have saved several million euros.

Academics would probably call your procedural method a 'source-critical method'. You not only have to check the old documents against the real building, you also have to know how to read them.
You need to study the documentation for the building properly and work out systematically what you know. The anamnesis has to be carried out with experience, to

zu können, habe ich ein eigenes ingenieurmäßiges Bemessungsverfahren entwickelt, das die individuellen Aspekte des Bestandes berücksichtigt.

Vor einigen Wochen bin ich zu einer Büroimmobilie gerufen worden, die revitalisiert werden sollte. Die Planungen waren abgeschlossen, die Baufirma arbeitete schon. Dann stellte man „zufällig" fest, dass die Betongüten sehr schlecht waren. In den alten Bauakten war B 300 angegeben. Aus den Prüfungen ergab sich aber nur B 80 für den Bestand. Mit einer vorher durchgeführten Anamnese und der zugehörigen Diagnose hätte man allein durch planerische Entscheidungen mehrere Millionen Euro gespart.

Ihre Herangehensweise würden Geisteswissenschaftler wohl „quellenkritische Methode" nennen. Man muss die alten Akten nicht nur am realen Gebäude überprüfen, sondern sie auch zu lesen wissen?

Man muss die Bestandsunterlagen in Ruhe studieren und sich das Wissen systematisch erarbeiten. Die Anamnese muss mit Erfahrung durchgeführt werden, um so ein Gebäude zu verstehen. B 300 und B 225 waren in den 50er Jahren die Standardgüten für Betone. Bei Stichproben erreichen wir gerade ein Drittel oder ein Viertel von dieser Betongüte. Das ist in dieser Epoche fast die Regel. Die mangelhafte Verarbeitung und bindige Beimengungen sind die Ursachen.

Im Vergleich dazu, was hat man bei Bürogebäuden aus den 70er Jahren hinsichtlich des Tragwerks zu beachten? In dieser Zeit, in der man sehr viel, sehr schnell baute, wurde ja ziemlich viel gepfuscht – sowohl bei der Ausführung als auch bei der Überwachung.

Unter den Aspekten des Brandschutzes und der Dauerhaftigkeit sind die Betondeckungen viel zu gering.

understand a building like that. In the 50s, B300 and B225 were the standard grades for concrete. In sampling, we get a third or even a quarter of those concrete grades. It was almost the rule at the time. Deficient workmanship and viscous impurities were the causes.

In comparison with that, what do you have to take into account with regard to the structure of office buildings from the 70s? It was a time when a great deal was built very quickly, and rather a lot was botched up – in both implementation and supervision.

The concrete cover was quite inadequate in terms of fire protection and durability. Also, the modular grids from that time do not conform to our requirements today. Even so, it's more economic to work with the load-bearing grid that's already there. An intelligent scheme that understands the building does not interfere too much and attempts to generate added value from the strengths of the building.

Thank you very much for this conversation, Professor Hempel.

The conversation with Rainer Hempel was conducted by Enrico Santifaller, Anke Wünschmann and Michael Zimmermann at the Cologne offices of KSP Engel und Zimmermann on 27 February 2007.

Auch die Raster aus dieser Zeit stimmen nicht mit unseren heutigen Anforderungen überein. Dennoch ist es
wirtschaftlicher, mit dem vorgefundenen Tragraster zu
arbeiten. Ein intelligentes Konzept, das das Gebäude
versteht, greift nicht zuviel ein und versucht aus den
Stärken des Gebäudes einen Mehrwert zu generieren.

Herr Professor Hempel, vielen Dank für dieses Gespräch.

Das Gespräch mit Rainer Hempel führten Enrico Santifaller,
Anke Wünschmann und Michael Zimmermann am 27. Februar
2007 im Kölner Büro von KSP Engel und Zimmermann.

„BRANDSCHUTZEXPERTEN SOLLTEN MÖGLICHST FRÜH IN DAS PROJEKT EINGEBUNDEN WERDEN"
"FIRE-SAFETY EXPERTS SHOULD BE BROUGHT INTO PROJECTS AS SOON AS POSSIBLE"

EIN GESPRÄCH MIT REINHARD RIES, DIREKTOR DER BRANDDIREKTION, FRANKFURT AM MAIN
A CONVERSATION WITH REINHARD RIES, HEAD OF THE FIRE DEPARTMENT, FRANKFURT AM MAIN

Wie Ihr Amtsvorgänger Ernst Achilles sind Sie, Herr Prof. Ries, ein gelernter Architekt. Freilich als Leiter einer Behörde, die Architekten und Investoren nicht selten in Angst und Schrecken versetzt.
Angst und Schrecken kann es nur dort geben, wo Architekten ohne geringste Ahnung vom Brandschutz bauen wollen. Wir verstehen uns heute als Dienstleister und Partner im Dialog mit den Architekten. Bauen ist ein ganzheitlicher Prozess – und der Architekt ist der Manager dieses Prozesses. Das bedeutet von Anfang bis Ende Zusammenarbeit und kein Gegeneinander.

Ist das ganzheitliche Konzept, so wie Sie es verstehen, der Grund, weshalb Sie auch selbst Mitglied in Preisgerichten bei Architekturwettbewerben sind?
Jährlich mehr als 600 Tote und über 60 000 Verletzte bei Bränden in Gebäuden sprechen eine deutliche Sprache. Trotzdem bildet sich die Bedeutung des Brandschutzes an der Universität nicht ab. Entsprechend geschehen die meisten baulichen Änderungen nach der Planungsphase aus Brandschutzgründen. Brandschutzexperten sollten deshalb möglichst früh in das Projekt eingebunden werden. Viele Architekten suchen von sich aus die Beratung, da nachträgliche Änderungen immer mit erheblichen Kosten und Bauzeitverzug verbunden sind. Daher ist es nur logisch, wenn bei

Like your predecessor, Ernst Achilles, you are a trained architect, Professor Ries – though you're also head of an authority that not infrequently strikes fear and terror into investors and architects.
There can be fear and terror only where architects want to build without having a clue about fire safety. These days we see ourselves as a service provider and partners in dialogue with architects. Building is an integrated process – and architects are managers of that process. That means collaboration, not conflict, from start to finish.

Is the integral concept as you see it the reason why you yourself are often a member of the jury in architectural competitions?
Every year more than 600 people die and more than 60,000 are injured in fires in buildings – that sends a clear message. Despite that, the importance of fire safety is not explained at university. As a consequence, most structural changes on fire safety grounds happen after the planning phase. Fire safety experts should therefore be brought into projects as soon as possible. Many architects ask for advice of their own accord, as subsequent changes are always associated with considerable costs and construction delays. It's therefore only logical for fire safety experts to be involved in competitions, to check whether the designs are at all realisable from a fire safety point of view.

Wettbewerben Brandschutzexperten hinzugezogen werden, die prüfen, ob der Entwurf aus brandschutz-technischer Sicht überhaupt realisierbar ist.

Nun nehmen ja die Vorschriften zum Brandschutz einen sehr großen Teil der verschiedenen Bauordnungen in den einzelnen Bundesländern ein. Die Professoren Rüdiger Detzer und Gerd Moltke sagen allerdings, die Muster-industriebau- und die Musterverkaufsstättenverordnung entsprächen nicht den aktuellen Erkenntnissen.
Es wäre für die Architekten leichter, wenn diese Verord-nungen und Richtlinien bundeseinheitlich geregelt würden. Aufgrund der jeweils verschiedenen gesetzli-chen Regelungen muss man ja glauben, dass ein Feuer in München anders brennt als eines in Hamburg oder Frankfurt. Rüdiger Detzer hat nicht Unrecht, über 95 Prozent der Brandtoten fallen in Deutschland dem Rauch zum Opfer. Dazu gibt es eine steigende Tendenz von Personen, die durch Rauchgasintoxikation, also Einatmen von Rauch, verletzt werden. Die angespro-chenen Verordnungen fokussieren sich aber auf selbst-tätige Löschanlagen. Aus meiner Erfahrung im Einsatz und im Rahmen der Sachverständigenarbeit zur Brand-ursachenermittlung weiß ich, dass nicht das Feuer, sondern der Rauch das große Problem ist. Das Thema Entrauchung hat – vom menschlichen Leid abgesehen – auch eine wirtschaftliche Größe. Sprinkler z. B. alar-mieren erst dann, wenn es unter ihnen richtig heiß geworden ist und sich der Rauch schon über weite Strecken ausgebreitet hat. Dadurch entsteht meist der eigentliche Schaden. Sprinkler haben auch ihre Berechtigung. Sie sind in einem ganzheitlichen Brand-schutzkonzept nicht wegzudenken. Wo gesprinklert wird, gibt es fast nie Großbrände. Aber Sprinkler schützen nicht vor Verrauchung.

Gibt es darüber eine Debatte in den Fachkreisen?
In der VFDB – der Vereinigung zur Förderung des Deutschen Brandschutzes, in der sich Feuerwehrchefs, Institute, Universitäten engagieren – haben wir diese Themen diskutiert. Das Ergebnis einer Umfrage, die wir von Frankfurt aus bundesweit gestartet haben, war, dass alle Berufsfeuerwehren der Meinung sind, in den entsprechenden Richtlinien sei die Entrauchung viel zu wenig berücksichtigt. Auch der VdS, der Ver-band der Schadenversicherer, hat erkannt, dass dieses

Regulations concerning fire safety account for a very large proportion of the various building regulations in individual federal states. However, Professors Rüdiger Detzer and Gerd Moltke say that the directives governing model industrial buildings and model shop buildings do not tally with our current knowledge.
It would be easier for architects if these directives and guidelines could be standardised throughout the country. Given the differences in statutory requirements from one state to another, you'd think a fire in Munich burns differently from one in Hamburg or Frankfurt. Rüdiger Detzer is right: more than 95 per cent of fire death victims in Germany are killed by smoke. In addition, the number of people injured by flue gas intoxication, that is, inhaling smoke, is rising. However, the directives concerned focus on automatic extinguishing devices. I know from my own experience on duty and during official enquiries into the causes of fires that it's not the fire but smoke that's the big problem. Apart from the human suffering, the subject of smoke extraction also has an economic dimension. Sprinklers, for example, go off only once it gets really hot beneath them, by which time the smoke has already spread to all sorts of places. That's the cause of most of the actual damage. Sprinklers do have their justification. An integral fire safety set-up would be unimaginable without them. When sprinklers go off, you hardly ever get major fires. But sprinklers don't protect you from smoke.

Is there any discussion of this among experts?
We did discuss these issues at the VFDB, which is a fire safety forum for chief fire officers, institutes and univer-sities. The result of a nationwide survey that we initiated in Frankfurt was that all professional fire brigades thought the relevant guidelines don't take smoke extraction into

Thema eine entscheidende Rolle spielt. Wir wissen inzwischen, dass in Gebäuden, die mit Rauch- und Wärmeabzugssystemen ausgestattet sind, im Brandfalle nach ein paar Stunden der Betrieb wieder aufgenommen werden kann. Das muss nicht immer eine Riesenanlage sein, es kann auch die ganz normale, automatisch gesteuerte Fensterlüftung genügen.

Was bedeuten diese Erkenntnisse für die Bestandsrevitalisierung?
Für die Bestandsrevitalisierung eignet sich das Wirbelsturm- oder Wirbelhaubenprinzip. Die Entwicklung begann in Frankfurt. Wir wenden dieses Prinzip jetzt bei einem sehr typischen Bestandsbau an: dem S-Bahnhof am Flughafen beim Terminal 1. Wegen der möglichen Verrauchung – der Rauch würde bis ins Terminal ziehen – ist dieser Bau in dieser Hinsicht kritisch. Nun wird der Bahnhof geheilt, indem im Bestandsbau durch das neue Entrauchungsprinzip relativ kleine Rohrquerschnitte eingebracht werden. Das ist natürlich nach wie vor ein großer Kostenfaktor, dennoch die effektivste und wirtschaftlichste Methode. Und es wird sich lohnen, weil nämlich dann die Gefahr für die Menschen gebannt ist und keine großen Sachschäden entstehen.

Kann man Gebäude, die in den verschiedenen Jahrzehnten entstanden sind, nach Mängeln beim Brandschutz klassifizieren?
Das ist schwierig zu beantworten. Grundsätzlich gilt, dass Gebäude mit zunehmendem Alter sehr selten, den technischen Regeln der Bautechnik entsprechend, mit Brandschutzmaßnahmen nachgerüstet werden. Bei über 50-jährigen mehrgeschossigen Wohnbauten sind dies oft die hölzernen Treppenräume und alte Wohnungstüren sowie fehlende Rauchabzugsanlagen, die uns Sorgen machen. Bei Sonderbauten sind die Probleme sehr verschieden: Nutzungsänderungen werden in z. T. weniger als fünf Jahren durchgeführt und somit die Brandlasten durch neue Nutzungskonzepte drastisch erhöht, ohne es im Brandschutz gebührend zu berücksichtigen. Das Nachrüsten von brandschutzmäßiger Anlagentechnik, wie z. B. selbsttätige Löschanlagen und Rauch- und Wärmeabzugstechnik, werden wegen der aus Bauherrensicht zu hohen Investition oft gescheut. Brandlasten erhöhen sich mit den Jahren dramatisch, nicht nur durch die Nutzungsänderung: Oft werden

account nearly enough. The VdS association of property insurance companies has also acknowledged that this subject is of critical importance. In the meantime, we know that, after a fire in buildings equipped with smoke and heat-extraction systems, operations can be resumed within a few hours. It doesn't always have to be a huge piece of equipment; completely ordinary, automatically controlled window ventilation can also be enough.

What does all this mean for the revitalisation of existing buildings?
With the revitalisation of existing buildings, the cyclonic principle or suction hood principle is appropriate. Development began in Frankfurt. We are now applying this principle in a very typical existing structure, the rapid transit station at Terminal 1 at the airport. Because of the smoke risk – the smoke could get into the terminal – the building is critical in this respect. The station is now being cured by relatively small pipe cross-sections being installed in the existing building on the new smoke-extraction principle. That is, of course, still a major cost factor, but it's nonetheless the most effective and economic method. And it's worth doing because the danger to people has been averted and no major material damage is incurred.

Can buildings built in different decades be classified according to fire safety defects?
That's a difficult question. Basically, as buildings get older they very rarely get properly upgraded with extra fire safety equipment in accordance with the technical regulations for structural technology. In the case of multi-storey residential buildings over 50 years old, it's often the wooden stairwells and old apartment doors plus the absence of smoke-extraction devices that worry us.

z. B. Kabelsysteme, die aufgrund der schnellen Daten-
verarbeitung der heutigen Zeit ständig nachgerüstet
werden, nicht adäquat gesichert. Alte Kabelstränge
werden nicht gezogen und verbleiben im Gebäude,
was über Jahre eine deutliche Sicherheitsgefährdung
darstellen kann. Schnelligkeit ist die Devise. Nachzu-
rüstender Brandschutz gilt hier jedoch als Hindernis.
Wenn man bedenkt, dass heute selbst bei kleinen
Bränden die Folgeschäden für Firmen bis hin zur
Betriebsunterbrechung enorm sind. Ein gefährliches
Unterfangen auch in wirtschaftlicher Hinsicht.

**Wir nähern uns dem Bestandsschutz. Nicht selten befindet
sich der Brandschutz in Kollision mit dem Bestandsschutz –
oder auch mit dem Denkmalschutz.**
Bestandsschutz gilt nur, wenn das Gebäude älter geworden ist und keine baulichen Änderungen erfahren
hat. Sobald wesentlich erweitert oder das Gebäude anders genutzt wird, muss ein neuer Bauantrag gestellt
werden. Und dann muss das Gebäude, so sehen es die
bauaufsichtlichen Bestimmungen vor, auch gemäß den
aktuellen Erkenntnissen des Brandschutzes ertüchtigt
werden. Technische Anlagen wie Rauchmelder und
zusätzliche Rauchabzüge ermöglichen trotzdem, den
ursprünglichen ästhetischen Anspruch des Gebäudes
zu erhalten. Wenn man sich in einem konstruktiven
Dialog befindet, wird es grundsätzlich auch nicht zu
Konfrontationen kommen. Wir wollen den Dialog, aber
die Architekten müssen ihn rechtzeitig suchen.

Herr Prof. Ries, wir danken Ihnen für dieses Gespräch.

Das Gespräch mit Reinhard Ries wurde am 5. März 2007 in
Frankfurt in den Räumen der Branddirektion von Enrico Santifaller
und Anke Wünschmann geführt.

With special buildings, the problems are very diverse.
Changes of use are sometimes implemented in under
five years, so that the fire loads are drastically increased
by the new utilisation scheme without that being sufficiently taken into account in fire safety. The installation
of fire safety technology post-hoc, for example, automatic
extinguishing devices and smoke and heat-extraction
technology, is often turned down because of what the
client perceives as very high investment. But fire loads
increase dramatically with time, not only as a result of
changed use. For example, new wiring systems are constantly being upgraded in these days of rapid data pro-
cessing but are not adequately fused. Old wiring is not
removed and remains in the building, and over the years
this can constitute a significant safety risk. Promptness
is the watchword. In that respect, fire safety upgrading
counts as an obstacle. But bearing in mind that today,
even with small fires, the consequential losses for companies (maybe to the point of interrupting operations)
are enormous, it's a dangerous venture even in business
terms.

We're getting close to provisions made to safeguard
existing standards. Not infrequently, these conflict with
fire safety – or with conservation.
**These vested rights apply only if the building has got
older and not had any structural changes. As soon as any
substantial extension is undertaken or the building is
used differently, a new building application has to be
submitted. The present building regulations stipulate
that, in such cases, the building has to be refurbished
to meet current fire safety regulations as well. Even so,
technical installations such as smoke alarms and additional smoke extractors mean the original aesthetic
criteria of the building can be preserved. As long as we
can get a constructive dialogue going, no confrontations
need arise. We want dialogue, but architects have to
initiate it in good time.**

Professor Ries, thank you for this conversation.

The conversation between Reinhard Ries and Enrico Santifaller
and Anke Wünschmann took place at the Fire Department in
Frankfurt on 5 March 2007.

„MAN FINDET DIE TOLLSTEN SACHEN AN DEN UNMÖGLICHSTEN STELLEN"
"YOU FIND THE ODDEST THINGS IN THE MOST UNLIKELY PLACES"

EIN GESPRÄCH MIT SUSANNE TRUMPFHELLER, GESCHÄFTSFÜHRERIN S. E. TRUMPFHELLER
GESELLSCHAFT FÜR UMWELT-, BAU- UND GEOTECHNIK
**A CONVERSATION WITH SUSANNE TRUMPFHELLER, CEO OF S. E. TRUMPFHELLER GESELLSCHAFT
FÜR UMWELT, BAU- UND GEOTECHNIK**

**Wegen Asbest oder PCB sind viele Gebäude aus den 6oer
und 7oer Jahren in die Schlagzeilen geraten. Altlasten
können die Kosten einer Ertüchtigung, einen Umbau
dieser Bauten enorm in die Höhe treiben. Was, Frau
Trumpfheller, raten Sie Bauherren, die sich mit Revitalisierung beschäftigen?**
Zunächst muss man da differenzieren: Ein Aspekt liegt
in der Verunreinigung des Untergrunds, die in der Regel
auf die Nutzung, Abfallentsorgung oder auf Kriegsein-
wirkungen zurückzuführen ist. Diese auf den Boden
bezogenen Verunreinigungen definiert man als Altlasten.
Der andere Aspekt ist die Verwendung von Schad- und
Gefahrstoffen im Hochbau. Diese Materialien bzw.
Produkte, die diese Stoffe enthalten, sind damals meist
gezielt in die Gebäude eingebracht worden, weil sie
sich aufgrund ihrer Eigenschaften gut für Brandschutz-,
Schallschutz- oder ähnliche Maßnahmen eigneten.

**Gibt es zwischen dem Entstehungsjahr eines Gebäudes
und seiner Gefahr- und Schadstoffbelastung eine Verbindung?**
Es gibt einen kritischen Zeitraum: von etwa 1955 bis in
die 8oer Jahre. Rund 90 Prozent aller in diesen Jahren
entstandenen Gebäude enthalten Schad- und Gefahrstoffe. Leider ist es aber so, dass viele Firmen auch später
noch schadstoffhaltige Produkte am Lager hatten –

Many buildings from the 6os and 7os hit the headlines
because of asbestos or polychlorinated biphenyls.
Existing contamination can drive the costs of refurbishing
or converting such buildings sky-high. What do you tell
clients who get involved in revitalisation, Ms. Trumpfheller?
**The first thing you need to do is differentiate. One aspect
is contamination of the subsoil, which it is generally at-
tributable to previous uses, waste removal or wartime
effects. Chronic contamination is generally defined as
subsoil-related defects of that kind. The other aspect is the
use of hazardous and harmful materials in construction.
Materials or products that contain such substances were
generally introduced intentionally in the building at the
time because of characteristics that made them suitable
for fire prevention or sound insulation or similar purposes.**

Is there any connection between the date of the building
and the amount of hazardous or noxious material in it?
**There was a critical period from around 1955 to the 8os.
Around 90 per cent of all buildings dating from those years
contain noxious or hazardous materials. But unfortunately,
the fact is that many companies still had contaminated
products in stock even later – and these often continued
to find their way into buildings. That's why, even in
buildings of more recent date, you still find contaminated
products that should have been discontinued long before.**

und die wurden oft auch noch verbaut. Daher finden Sie auch noch bei jüngeren Baujahren belastete Produkte, die schon lange nicht mehr hätten verwendet werden dürfen.

Also sagt das Entstehungsjahr überhaupt nichts?
Das Baujahr gibt Hinweise. Aber man darf nicht vergessen, dass in der Zwischenzeit viele ältere Gebäude ertüchtigt wurden. Und hier gilt es aufzupassen. Wenn Gebäude massiv umgebaut wurden, dann finden Sie ganz verschiedene Bauzustände vor. Entsprechend ist die Untersuchung des Gebäudes schwieriger, dauert länger, weil es nicht mehr reicht, wenige stichpunktartige Proben zu nehmen. Um eine einigermaßen verlässliche Aussage zu erhalten, muss man dann das Gebäude an vielen Stellen untersuchen. Ein Beispiel: Ich hatte vergangenes Jahr ein Objekt in Belgien. Der Auftraggeber sagte, ich bräuchte eigentlich gar nicht schauen, es wäre ohnehin nichts zu finden. Ich habe das Gebäude, man hatte es damals vor gerade sechs Monaten fertig gestellt, dennoch genau untersucht – und Asbest gefunden. Es lohnt immer, ein Gebäude genau zu untersuchen, schließlich ist der Eigentümer zur Ermittlung von Gefahr- und Schadstoffen verpflichtet. Man kann sich nicht zurückziehen und sagen, dass man von nichts etwas weiß.

Wo verstecken sich Ihrer Erfahrung nach die Schadstoffe?
Überall. Man findet die tollsten Sachen an den unmöglichsten Stellen. Man muss sich mit dem Gebäude beschäftigen, verstehen, wie es aufgebaut ist, wie es funktioniert – haustechnisch, brandschutztechnisch, seine Architektur, sein Tragwerk. Und natürlich muss man sich mit seiner Geschichte befassen. Erst wenn man all dieses getan hat, kann man gezielt nach den entsprechenden Produkten suchen. Sie liegen ganz oft versteckt hinter Verkleidungen oder Verkofferungen. Es gab ja die verschiedensten Verwendungen von Asbest oder PCB. Letzteres hat man zum Beispiel bei Farben eingesetzt, und um die zu finden, braucht man sehr viel Erfahrung. Und allein die deutsche Brille reicht hier nicht. Man benötigt die Kenntnis einschlägiger Produkte aus verschiedenen Ländern.

Wenn Sie das Gebäude verstehen müssen, um gezielt zu suchen, dann ist doch eine gute Dokumentation sehr wichtig?

So the date of construction tells you nothing at all?
The data of construction is a clue. But you shouldn't forget that in the meantime many older buildings were being refurbished. And that's where you have to be on the alert. If buildings were completely rebuilt, you find construction conditions inside vary widely. That makes investigating the building more difficult and more time-consuming, because it won't do just to take a few test samples. To get a more or less reliable picture, you have to look at the building in a number of places. For example, I had a property in Belgium last year. The client said I didn't really need to look at it, there'd be nothing to discover anyway. Nevertheless, I did take a close look at the building, which had been finished only six months before, and found asbestos. It's always worthwhile taking a close look at a building. After all, the owner is obliged to find out about any harmful or hazardous materials. You can't hold up your hands and say you don't know anything about it.

Where do you find hazardous materials, in your experience?
Anywhere. You find the oddest things in the most unlikely places. You have to familiarise yourself with the building, discover how it's built and how it functions – the technical installations, the fire-safety installations, its architecture, the girders. And, of course, you have to take a look at its history. Only after you've done that do you look specifically for the harmful materials concerned. And they're very often hidden away behind cladding or insulation. Asbestos and polychlorinated biphenyls were used for all sorts of things. The latter, for example, were used in paints, and you need a good deal of experience to locate them. And just a German perspective won't do here. You need knowledge of the relevant products from various countries.

If you have to understand the building in order to know where to look, then surely good documentation must be very important.
Well, I don't wade in with a sledgehammer or pneumatic hammer and start knocking down walls or suspended ceilings. To start with, I study the drawings, descriptions of the building, floor plans, etc. Then I do a tour of inspection with these documents and take a look at the critical places. For example, I open up a false floor or suspended ceiling in a few places. And then you generally

Nun, ich komme ja nicht mit einem Vorschlag- oder Presslufthammer und schlage Wände oder Deckenabhängungen ein. Ich studiere zunächst die Planunterlagen, Baubeschreibungen, Geschosspläne usw. Mit diesen Unterlagen mache ich dann eine Begehung und schaue mir die kritischen Stellen an. Exemplarisch öffne ich dann einen Doppelboden oder eine abgehängte Decke an ein paar Stellen. Und dann findet man meistens schon etwas. Problematischer ist das mit den erwähnten Umbauten oder nachträglichen Einbauten. Alle notwendigen Unterlagen zu bekommen, das ist der Idealfall. Wir fragen immer nach Aktennotizen und hören dann: „Ach, das alte Zeug, das landete irgendwann im Papierkorb." Was fatal ist. Dieses „alte Zeug" ist genau das, was wichtig ist. Das ist sicherlich eine Lehre, die man aus den verbauten Schadstoffen ziehen kann: Bitte nicht die Revisionsunterlagen wegwerfen!

Ist es in jedem Fall besser Gefahrstoffe zu entfernen oder stellt das Verbleiben und Versiegeln eine sinnvolle Alternative dar?
Es kommt auf das Gebäude an – und was Sie mit ihm vorhaben. Sie müssen ja ohnehin das Gebäude untersuchen. Wie Sie dann mit dem Gefundenen umgehen, muss in Relation stehen mit den Maßnahmen, die Sie planen. Wir haben zum Beispiel den Rückbau eines Gebäudes betreut, da konnte man auf die Einhausung der Fassade verzichten, obwohl sie asbesthaltige Bauteile enthielt. Das hat ein paar Millionen gespart – und Bauzeit. Voraussetzung ist, entsprechende Mittel und Zeit für die Untersuchung und Planung zu investieren. Da gibt man 30 000 Euro für die Untersuchung aus und spart drei Millionen ein – das ist doch wirklich eine tolle Rendite.

Das heißt aber dann auch, dass der Schadstoffexperte bzw. die -expertin bei einer Revitalisierung möglichst früh einbezogen werden sollte?
Ja, natürlich. Entweder hat man einen Negativbefund – es sind wenig Schadstoffe im Gebäude oder keine, das kann es ja auch mal geben – und dann kann man unverzüglich anfangen. Oder aber man findet sehr viel, dann muss man natürlich das bei den Planungen berücksichtigen. Wie gesagt: Alles, was Sie bei einem Umbau antasten, muss sach- und fachgerecht behandelt werden. Je später dies passiert, desto teurer wird es.

find something. It's more problematic with the conversions or subsequent installations we were talking about. The ideal is to get all the necessary documentation. We always ask for files, and are then told: "Oh, the old stuff, that ended up in the bin at some point." – which is fatal. That "old stuff" is the very thing that matters. That's certainly one lesson we can learn from hazardous materials that have been used in buildings: please don't throw away inspection documents!

Is it better to remove hazardous materials in every case, or is leaving it and sealing it up a sensible alternative?
It depends on the building – and what you intend to do with it. You have to survey the building anyway. What you then do with your findings must relate to the action you're planning. Once, for example, we were managing the dismantling of a building and were able in that case to dispense with enclosing the façade, even though it contained asbestos components. That saved a few millions – and construction time. The assumption is, you invest appropriate resources and time in surveying and planning. So you spend €30,000 on the survey and save 3 million – that's a really super return.

But surely that also means that the noxious materials expert needs to be involved in the revitalisation as early as possible?
Yes, of course. Either the findings are negative – there aren't many harmful materials in the building or none at all, that can also happen – and then you can get to work straight away. Or else you find a lot of them, and that has to be taken into account in planning. As I said, everything you touch in a rebuilding has to be handled expertly and correctly. The later that happens, the more expensive it becomes and then you can kiss your deadlines goodbye.

Dann laufen die Termine davon. Man verliert Miete, man hat höhere Kosten wegen des Fremdkapitals, schließlich muss ja die Sanierung und Entsorgung nachträglich ausgeschrieben werden. Alles, was Sie vorher wissen und ausschreiben, erzielt natürlich auch einen günstigeren Preis. Außerdem, wenn Sie einen Gefahrstoff entsorgen müssen – zum Beispiel Spritzasbest –, dann müssen natürlich die Räumlichkeiten staubdicht abgeschottet sein. Der Bauablauf muss also komplett neu koordiniert werden. Und wenn ein Gebäude in Benutzung ist, dann muss man zum Beispiel die Beschäftigten flurweise umziehen.

Das heißt, dass Sie nicht nur die Voruntersuchung machen, sondern auch den Umbau komplett betreuen?
Ja. Wir machen eine Voruntersuchung, dann, falls notwendig, Detailuntersuchungen, dann erstellen wir die Ausschreibungsunterlagen, weil die Belange der Schadstoffsanierung in jedem Fall vorrangig sind, und alles andere untergeordnet ist. Dann betreuen wir das Vergabeverfahren und entsprechend die Sanierung oder den Rückbau der kontaminierten Gebäudeteile. Die Schadstoffsanierung muss sach- und fachgerecht ausgeführt werden. Und Sie müssen natürlich die Abschottungen kontrollieren, die ganzen Geräte, die firmen- und personenbezogenen Unterlagen usw. Wenn der Sanierungsprozess abgeschlossen ist, müssen die Räume kontrolliert werden – ob auch z. B. wirklich alle asbesthaltigen Produkte entfernt worden sind. Es folgen dann noch entsprechende messtechnische Überprüfungen, man benötigt z. B. Erfolgskontrollen, bevor Sie das Gebäude dann wieder der Nutzung oder dem weiteren Umbau freigeben.

Frau Trumpfheller, vielen Dank für dieses Gespräch.

Mit Susanne Trumpfheller sprachen Enrico Santifaller und Anke Wünschmann am 11. Juni 2007 in den Räumen des Frankfurter Büros von KSP Engel und Zimmermann.

You lose rent, you have higher costs because of bank borrowings, because in the end you have to contract out the treatment and waste disposal. Everything you know and contract out in advance naturally gets a better price. And also – if you have to get rid of a hazardous substance, for example, spray asbestos – the premises must, of course, be sealed off and dust-tight. In other words, construction work has to be completely rescheduled. And if a building is being used, employees have to be moved out section by section, for example.

That means you not only do the preliminary survey, but also handle the whole rebuilding?
Yes. We do a preliminary survey if necessary, detailed surveys, and then we produce documents for the jobs to be contracted out, because removing harmful materials takes precedence in any case, and everything else is subordinate to that. Then we handle the contracting procedure and any treatment or dismantling of contaminated parts of the building, as appropriate. Treatment of noxious materials has to be carried out correctly and expertly. And, of course, you have to supervise sealing off, check all the equipment, the documentation of personnel and companies, etc. When the treatment process is finished, the premises have to be checked – to see, for example, whether all the products containing asbestos really have been removed. Then you have to carry out appropriate instrumental tests, to check the success rate, for example, before the building is cleared for use again or further rebuilding work.

Many thanks for the conversation, Ms. Trumpfheller.

Talking to Susanne Trumpfheller at the Frankfurt office of KSP Engel und Zimmermann on 11 June 2007 were Enrico Santifaller and Anke Wünschmann.

BAUEN IN GENERATIONEN
BUILDING IN GENERATIONS

Symptomatisch ist, dass im Zusammenhang mit Revitalisierung nicht selten der Terminus „Ertüchtigen" fällt: Auch mit anderen Begriffen – etwa „Anamnese", „Gesunden", sogar „Heilen" wird eine der Sprache der Medizin ähnliche Metaphorik und deren damit verbundene positive Vorstellungen gebraucht, um mit einem noch relativ unbekannten, eher unbequemen Problem zurande zu kommen. Die Herausforderung beim Bauen im Bestand heißt nicht allein Verbesserung der Energiebilanz, Beheben bauphysikalischer Makel oder Optimieren der Flächen. Bauen im Bestand heißt auch der Versuch eines angemessenen Umgangs mit einem Teil des baulichen Erbes, der nicht immer allzu beliebt ist. Immerhin versuchten in den vergangenen Jahren eine Reihe von Büchern und Ausstellungen, ein Bewusstsein für die Nachkriegsmoderne zu wecken.[1] Manchmal gelingt es Bürgerinitiativen sogar, ein wichtiges Gebäude der 70er Jahre zu erhalten – wie im November 2007 in Minden.[2] Doch in der Regel, wie im Deutschlandfunk im Januar 2008 einmal mehr zu hören war, gilt diese Architektur als „schlichte Bausünde", die mit „seelenlosen Betonburgen" und „Bimsblock-Tristesse" assoziiert wird – und das oftmals zu Recht.[3] Wegwerfen, sprich: Abbruch ist kein Weg. Knapp die Hälfte des bundesdeutschen Gebäudebestandes stammt aus den Jahren zwischen 1949 und 1979, aber bereits zu Anfang des

Revitalisation of post-war buildings is a hot topic in the German commercial property market at present. Not surprisingly, the language used in German draws freely on medical analogies – 'anamnesis', 'recovery', even 'cure' being common but positive notions – in order to tackle a relatively unknown and somewhat disconcerting problem.

The challenge we face in dealing with older buildings is not merely one of improving the energy audit, eliminating structural defects or optimising floor space. Reusing existing buildings is also an attempt to devise a way of dealing with a part of our architectural heritage that is not always very popular. At any rate, in recent years a succession of books and exhibitions has tried to raise awareness of post-war modernism.[1] Sometimes public pressure has managed to save an important building of the 70s – as in Minden in November 2007.[2] But generally, as we were reminded by Deutschlandfunk radio station once again in January 2008, architecture of this kind is condemned as merely "downright architectural sin" that is associated with "soulless concrete fortresses" and "breeze-block dreariness" – and often justly so.[3]

Yet dumping it – in other words, demolition – is not the answer. Almost half the buildings in Federal Germany were built between 1949 and 1979; but by the beginning of the 21st century, the output of building

21. Jahrhunderts betrug das Bauschuttaufkommen zwischen 22 und 34 Millionen Tonnen pro Jahr, schon jetzt machen die Abfälle von Gebäudeabrissen einen erheblichen Teil des jährlich anwachsenden Sondermülls aus.[4] Umbauen, Weiterbauen, Neunutzen ist alternativlos. Sollten Entscheidungen für Revitalisierungen also nicht unter einem unkalkulierbaren Investitions- und Vermarktungsrisiko stehen, sollte aber auch das Sanieren und Umbauen als Chance gesehen werden, Zersiedelung zu stoppen und städtische Quartiere qualitativ zu verbessern, Mängel in der städtischen Entwicklung zu beseitigen und dennoch Zeugnisse einer jüngeren Vergangenheit zu erhalten, ist ein kollektiver Lern- und Verständigungsprozess nötig. Revitalisierung erfordert sowohl von den öffentlichen Bauverwaltungen und Genehmigungsbehörden als auch von den Architekten und Fachplanern, von den Auftraggebern wie von den Ausführenden eine umfassende, ebenso vorurteilslose wie sorgfältige Analyse des Einzelobjekts und seines die Rahmenbedingungen bestimmenden Kontextes, um Potentiale, Leistungsreserven und auch Möglichkeiten zur Umgestaltung erkennen zu können. Bauen im Bestand heißt Beschäftigung mit der eigenen Jugend, heißt in Glücksfällen Beschäftigung mit alten Meistern. Was damals genehmigt wurde, wird heute nicht mehr genehmigt, wie damals gebaut wurde, wird heute so nicht mehr gebaut.

Jeder Umbau, jede Neustrukturierung eines Bürogebäudes ist insofern eine Auseinandersetzung mit den Vätern, mit den Großvätern, mit deren Leistungen, mit deren Ansprüchen und auch, zumal im Rückblick auf das Deutschland des 20. Jahrhunderts, mit deren Schattenseiten (siehe das in diesem Buch besprochene ESWE-Gebäude oder das Hochpfortenhaus). So ist Revitalisieren keine Oberflächenkunst, kein schnittiges Projekt des „Immer-schräger-spektakulärer-überdrehter", sondern ein mitunter mühevoller Prozess zwischen den Generationen. Sorgfalt ist notwendig, aber auch Freiheit, Sensibilität, aber auch Entschlossenheit zum Einschnitt – und gelegentlich ein wenig verstehendes Verzeihen. Anfang der 50er Jahre war Baumaterial knapp, war hierzulande ein bautechnologischer Rückstand aufzuholen, war in kurzer Zeit ein ungeheurer Flächenbedarf zu decken – die Mängel stecken in den Gebäuden dieser Jahre noch heute. Auch das rasche

rubble amounted to between 22 and 34 million tonnes a year. Even now, the detritus from demolished buildings forms a considerable part of the steadily increasing volume of hazardous waste.[4] There's no alternative to conversions, extensions and new uses. If decisions to revitalise are not to count as an incalculable investment and marketing risk, and if refurbishing and converting are also to be seen as an opportunity to stop overdevelopment and improve the quality of urban areas, to eliminate deficiencies in urban development and nonetheless preserve testimonies of a fairly recent past, then a collective learning and communication process is necessary. Revitalisation requires from planning departments and regulatory bodies, architects and specialist planners, indeed from clients and building contractors as well, comprehensive, unprejudiced and careful analysis of individual properties and the context that governs their general conditions, in order to be able to recognise the potential in them, the reserve capacity, and also the opportunities for redesign. Working with existing stocks means getting involved with our own youth or, in fortunate cases, dealing with old masters. What was approved then wouldn't be now, and we don't build the way we used to, either.

To that extent, every conversion or restructuring of an office building is a skirmish with our fathers and grandfathers and their achievements, revisiting their ambitions and also, chiefly when looking back at 20th-century Germany, with the downside (cf. the ESWE or Hochpforten buildings discussed in this book). Thus revitalisation is not a superficial art, nor a trendy case of "Let's be increasingly weird/spectacular/over-the-top", but an occasionally laborious process between generations. Care is necessary, but also freedom; sensitivity, but also resolution in the surgery – and occasionally a little understanding and forgiveness. In the early 50s, building materials were in short supply, building technology in Germany was lagging behind, and there was a huge need for floor space to be met in a short time. The shortages are still incorporated in the buildings of those years, even today. Even the rapid quantitative growth of the 60s and 70s has not been without consequence: cold bridging and the absence of reinforcement iron, outsize installation shafts and ill-proportioned building corpuses, excessive building depths and overlow ceiling heights or simply bad workmanship leave

quantitative Wachstum der 6oer und 7oer Jahre blieb nicht ohne Folgen: Kältebrücken und fehlende Bewehrungseisen, überdimensionierte Installationsschächte und maßstabslose Baukörper, zu große Gebäudetiefen und zu geringe Deckenhöhen oder einfach eine schlechte Ausführung stellen die Planer vor enorme Schwierigkeiten. Und doch gibt es Lösungen. Intelligente Lösungen, ästhetische Lösungen, wirtschaftliche Lösungen – einige davon in diesem Buch. Ihre Voraussetzung war ein Verstehen des Einzelobjekts, der Gesamtsituation, das Erkennen der Potentiale – und ein Lernen aus den Fehlern. Die wichtigste Voraussetzung aber ist: ein integrativer Planungsprozess – das heißt die Einbindung aller Planungsbeteiligten – von Anfang an. Zur Analyse der Potentiale gehört die Analyse der Gebäudegeschichte, der Planunterlagen, der zeitbedingten Konstruktion, der damals üblichen Materialzusammensetzungen und Bauausführung – etwa auch die Entnahme von Stichproben. Damit lassen sich Risiken minimieren und die Abläufe berechenbarer gestalten – nicht nur zum wirtschaftlichen Vorteil.

Dass sich gut geplante Gebäude besser, einfacher, ökonomischer revitalisieren lassen als schlechte, führt zur Veränderung des eigenen Planens, führt im Interesse der Zukunftsfähigkeit von Immobilieninvestitionen zu neuen Ansprüchen und Qualitätsmaßstäben. Der Lebenszyklus eines Gebäudes ist zu komplex, um Nachhaltigkeit auf den Energieverbrauch zu beschränken. Ein monofunktionales Passivhaus, das nach dem Auszug des ersten Mieters leer steht, weil man es nicht auf die Bedürfnisse neuer Nutzer anpassen kann, ist eine Fehlinvestition. Zukunftsfähige Gebäude haben Redundanzen – sowohl auf der Ebene der Primär- als auf den Ebenen der Sekundär- und Tertiärstruktur.[5] Redundanzen garantieren, eine robuste Primärstruktur vorausgesetzt, Reserven und sind gleichzeitig – auf der Ebene der Sekundär- und Tertiärstruktur – reversibel. Reserven – etwa in der Raumhöhe, etwa in den Flächen, etwa in der statischen Belastbarkeit – garantieren eine flexible Nutzung. Reversibilität – etwa leichte Reparierbarkeit und Austauschbarkeit der Ausstattung und der Gebäudetechnik – garantiert eine nutzergerechte und dabei effiziente Ausnutzung von Stoffkreisläufen. „Anpassungen und Ergänzungen an die einem ständigen Wandel unterworfenen Bedürfnisse [müssen] möglich

planners facing enormous problems. And yet there are solutions: intelligent solutions, aesthetic solutions, viable solutions – some of them in this book. A prior condition in each case was understanding the individual property, the overall situation, and recognising the potential – and learning from mistakes. But the most important prerequisite is an integrated planning process (which means involving all those associated with planning) right from the first. Analysing the potential includes analysing the history of the building, the drawings, construction conditions at the time, the normal composition of materials and standard of execution at the time – and, for example, taking samples. That means risks can be minimised and job schedules phased with some reliability – which is not only an economic advantage.

That well-planned buildings can be revitalised better, more simply and more economically than badly planned buildings means changing one's own planning. In the interests of future-proof property investment, new ambitions and quality standards are needed. The life cycle of a building is too complex to restrict sustainability to energy consumption. A monofunctional, zero-energy building that stands empty after the first tenant has moved out because it can't be adapted to the requirements of new users is a bad investment. Future-proof buildings have redundancies – at both primary-structure level and secondary/tertiary-structure levels.[5] Given a robust primary structure, redundancies guarantee a reserve, and are at the same time, at secondary and tertiary-structure level, reversible. Reserves – for example, in ceiling heights, in floor space, or in the static load-bearing capacity – guarantee flexible use. Reversibility – for example, easy reparability or exchangeability of equipment and technical installations – guarantees user-friendliness and, with that, efficient exploitation of the materials cycle. "Adaptation and supplementation of needs that are subject to constant change [must] be possible," writes Thomas Harlfinger in his dissertation, for which he gained the research prize from the DIA (German Property Academy) in 2006.[6] Flexibility of use therefore constitutes a characteristic not only of modern buildings and thus an advantage vis-à-vis the competition, but is also the basis for a long-term use of the building, as the requirements of future users can also be fulfilled. The very fact that office work is continually changing in interdependency with the succession of new technical

sein", schreibt Thomas Harlfinger in seiner Dissertation, für die er im Jahre 2006 den Forschungspreis der Deutschen Immobilien-Akademie (DIA) erhielt.[6] Nutzungsflexibilität stellt somit nicht nur eine moderne Gebäudeeigenschaft und somit einen Vorteil gegenüber der Konkurrenz dar, sondern ist außerdem die Grundlage für eine lange Nutzungsdauer der Gebäude, da auch die Anforderungen zukünftiger Nutzer erfüllt werden können. Gerade weil sich die Büroarbeit in wechselseitiger Abhängigkeit von immer neuen technischen Möglichkeiten kontinuierlich wandelt, weil im derzeitigen Mietermarkt die Verträge immer kürzer werden – verbunden mit dem Trend zur Anmietung statt Bau von selbst genutzten Immobilien, werden die Reserven und die Reversibilität immer wichtiger[7].

In diesem – nicht im formalen oder technischen – Sinne ist der Bestand ein guter Lehrmeister: Wohngebäude aus der Gründerzeit haben eben ausreichend Reserven, um sich als Büros, Praxen, Kanzleien nutzen zu lassen – die Zweckentfremdungsraten sprechen in dieser Hinsicht Bände.[8] In den backsteinernen Industriebauten aus derselben Zeit lassen sich von der Produktion über die Logistikzentrale bis zur Verwaltung, vom kleinen Dienstleister über die Kneipe bis zur großzügigen Wohnung – den modischen Lofts – die verschiedensten Nutzungen unterbringen. Eben weil beide Typologien die nötigen Reserven haben. In der Sprache des Kapitalmarktes ist eine monofunktionale Immobilie ein „Klumpenrisiko": Das Anlageprodukt, das enormes Kapital bindet, wird für eine beengte Situation konzipiert und unterliegt damit alternativlos den Schwankungen des Marktes. Weil der Kapitalmarkt für eine sich verändernde Immobilienbranche, in der auch ein Generationswechsel stattfindet,[9] immer wichtiger wird, ist davon auszugehen, dass multifunktionale und damit redundante Immobilien künftig eine größere Rolle spielen. Zumal auch die Bedeutung der Drittverwendungsfähigkeit als entscheidendes Prüfkriterium beim Erwerb von Fremdkapital gestiegen ist.[10] Den stabilen Cashflow, den ein multifunktionales eher als ein monofunktionales Gebäude garantiert, wird gerade nach der Subprime-Krise zur entscheidenden Größe, da die Kreditinstitute bis auf weiteres nicht mehr bereit sind, erhöhte Risiken zu tragen.

possibilities, while meantime leases are getting shorter and shorter in the current rental market – combined with the trend towards renting instead of building owner-occupied properties – means that reserves and reversibility are becoming more and more important.[7]

In this sense (rather than a formal or technical sense), the existing building stock is a good teacher. Residential buildings from the late Victorian period have adequate reserves for use as offices, surgeries or legal chambers. The rate of change of use speaks volumes in this respect.[8] The brick industrial buildings of the same period can be switched to a whole variety of uses, from manufacturing to logistics centres to offices, or from small businesses via pubs to spacious apartments – the fashionable lofts. This is because both types of building have the necessary reserves. In the language of the capital market, a monofunctional property is a cluster risk. An investment property that ties up enormous capital is designed for a restricted situation, and therefore cannot fail to succumb to fluctuations in the market. Because the capital market is more and more important for a changing property industry in which a change of generations is also taking place,[9] it must be assumed that multifunctional (and therewith redundant) properties will play a bigger part in future. That is particularly the case in that the importance of a capability for alternative use is a decisive test criterion for taking on loan capital.[10] The stable cash flow that a multifunctional building rather than a monofunctional building guarantees has become the critical dimension, particularly after the sub-prime crisis, as banks for the time being are no longer ready to take on greater risks.

The free, that is to say, flexible ground plan – Le Corbusier's *plan libre* – is by no means an invention of classic architectural modernism. It merely transfers the 'skin and bones architecture' of late 19th-century industrial building to a different building job. Buildings constructed in the tradition of modernism can in principle, therefore, easily be adapted to new user requirements. And if they're well designed, their positive image can be taken advantage of, as in the Disch Building and Hochpforten Building in this book. Subsequent redesigns – regardless of whether from a lack of materials or a lack of ideas – can be corrected. Even the rather forbidding office buildings of post-war modernism, particularly the 70s, are, for example, suitable for conversion into

Der freie, sprich: flexible Grundriss, Le Corbusiers „plan libre", ist keine Erfindung der klassischen Architekturmoderne. Sie hat lediglich die „Haut-und-Knochen-Architektur" des Industriebaus aus dem späten 19. Jahrhundert auf andere Bauaufgaben übertragen. Gebäude, die in der Tradition der Moderne gebaut wurden, lassen sich deshalb prinzipiell leicht an neue Nutzeranforderungen anpassen. Und, so sie gut gestaltet sind, lässt sich auch an deren positiven Image (siehe Disch-Haus oder Hochpfortenhaus in diesem Buch) anknüpfen. Nachträgliche Umgestaltungen – gleichviel, ob aus Materialnot oder Ideenarmut geboren – lassen sich korrigieren. Selbst die eher spröden Bürobauten der Nachkriegsmoderne, besonders der 70er Jahre eignen sich beispielsweise dafür, in Wohngebäude umgewandelt zu werden – intelligente Konzepte vorausgesetzt. Auch wenn die Herausforderungen dabei bisweilen ebenso hoch sind wie die Aufwendungen.[11] Andere Beispiele – das hier vorgestellte ESWE-Gebäude oder der ehemalige Sparkassenbau an der Hasengasse in Frankfurt, die mit ungewöhnlich großer positiver Resonanz bei Bürgern und Politikern erweitert bzw. umgenutzt wurden – zeigen dagegen, dass lange vermisste öffentliche Nutzungen sich in Immobilien der Nachkriegsjahre integrieren lassen – und das auch noch wirtschaftlich. Für Eigennutzer errichtete Gebäude (siehe den ehemaligen Helaba-Turm oder das Hochhaus an der Taunusanlage 11) lassen sich erfolgreich umkonzipieren – und das auch noch denkmalgerecht. Und das kann auch bedeuten, einen ziemlich drögen Verwaltungssitz mit Mut und Geschick zum Headquarter eines Mittelständlers aufzurüsten, der in Spezialbereichen Weltmarktführer geworden ist – wie etwa das Dorma-Gebäude in Ennepetal.

„Solange die Geschichte von modernen Architekten nicht als essentieller Teil des Menschen und damit auch der Gegenwart anerkannt wird, so lange wird auch die Diskrepanz zwischen nostalgischen Wünschen von „Laien" nach Rekonstruktion und der modernen Architektur bestehen bleiben" sagte der Architekturhistoriker Winfried Nerdinger auf einem Symposium der Bayerischen Akademie der Künste zum „Feindbild Geschichte".[12] Revitalisierungen von Gebäuden der Nachkriegsmoderne sind ein Bekenntnis zur Geschichte. Sie machen unsere Städte zukunftsfähig – und zugleich

residential buildings – assuming intelligent concepts – even if the challenges sometimes are as high as the expenses.[11] Other examples – the ESWE Building presented here or the former savings bank building in Hasengasse in Frankfurt, which were respectively extended and converted to unusually enthusiastic applause from the public and politicians alike – show, on the other hand, that long absent public usage can be integrated in properties of the post-war years, and economically, too. Buildings erected for owner-occupiers (like the former Helaba Tower or the high-rise building in Taunusanlage 11) can be rescheduled successfully – *and* in keeping with their conservation requirements. And that can also mean, given courage and skill, doing up a rather dreary office building to make the headquarters of a successful private company that has become world market leader in special areas – such as the Dorma Building in Ennepetal.

"As long as the history of modern architects is not recognised as an essential part of man and, thus, of the present, the discrepancy will continue to subsist between the nostalgic desire for reconstruction entertained by the lay public and modern architecture," said architectural historian Winfried Nerdinger at a symposium of the Bavarian Academy of Arts on "History as the Enemy".[12] The revitalisation of post-war modernist buildings means standing up for history. They make our cities future-proof – and at the same time capable of identification. They adapt buildings to current requirements, including energy requirements, and at the same time preserve the continuity of the urban landscape. Furthermore, they tie up relatively little capital. Revitalisation constitutes a facet of the modern conservation of historic buildings. It does not make museums of buildings, but develops them further.

identifikationsfähig. Sie passen Gebäude aktuellen, auch energetischen Bedürfnissen an und erhalten gleichzeitig die Kontinuität des Stadtbildes. Und binden darüber hinaus relativ wenig Kapital. Revitalisierungen stellen einen Bestandteil des modernen Denkmalschutzes dar, der Zustände nicht musealisiert, sondern den Bestand weiterentwickelt.

1 Vgl. u. a. Bartetzko 1994; Butter/Hartung 2005; Nerdinger/Florschütz 2005; Tietz 2007; Lieb/Zimmermann 2007. Siehe Weiss 2007; vgl. Kaltenbrunner 2008.

2 Breuer 2008.

3 Vogdt 2004 a und b. Zum Kontext vgl. Kohler 1999.

4 Ebenen der Gebäudestruktur nach Schulte/Bone-Winkel 2002, hier. S. 47–48.

5 Harlfinger 2006.

6 Harlfinger/Wünsche 2003.

7 Harlfinger 2006, S. 145.

8 Radermacher/Kummer 2007.

9 Hönighaus 2007.

10 Harlfinger 2006, S. 146.

11 Radermacher/Kummer, 2007.

12 Nerdinger 2007, hier S. 190

1 Cf. Bartetzko, 1994; Butter/Hartung 2005; Nerdinger/Florschütz 2005; Tietz 2007; Lieb/Zimmermann 2007. See Weiss 2007; Cf. Kaltenbrunner 2008

2 Breuer 2008

3 Vogdt 2004 a and b. Cf. Kohler 1999

4 Levels of the building's after Schulte/Bone-Winkel 2002, pp. 47 –48

5 Harlfinger 2006.

6 Harlfinger/Wünsche 2003

7 Harlfinger 2006, p. 145

8 Radermacher/Kummer 2007

9 Hönighaus 2007

10 Harlfinger 2006, p. 146

11 Radermacher/Kummer 2007

12 Nerdinger 2007, p. 190

PROJEKTE II
PROJECTS II

BAUHERR | CLIENT Deutsche Grundbesitz-Investmentgesellschaft mbH
BGF 16.500 m² | GFS 16,500 m²
BRI 55.114 m² | GV 55,114 m²
GESCHOSSE 17 | FLOORS 17
FERTIGSTELLUNG | COMPLETED 1996

KORRIGIERT UND WEITERENTWICKELT
CORRECTED AND IMPROVED

T 11, FRANKFURT AM MAIN
T 11, FRANKFURT AM MAIN

Wer den Begriff „Mainhattan" erfunden, ihn zum ersten Mal gebraucht und verwendet hat, darüber gibt es bisher nur Vermutungen. Doch lange bevor die Bankenstadt am Main unter diesem Spitznamen ein neues Image erwarb, galt sie als die amerikanischste Stadt Deutschlands; so prägten etwa Vorbilder aus den USA die Architektur des Wiederaufbaus. Auch die Großbanken des mächtigsten aller Alliierten – etwa die Chase Manhattan Bank – hatten in Frankfurt ihre Deutschlandzentrale. Letztere zuerst in einer repräsentativen Gründerzeitvilla, die im Jahre 1972 durch ein Hochhaus ersetzt wurde, das nicht nur dem New Yorker Zeitgeschmack entsprach, sondern auch nach amerikanischer Manier ein Generalunternehmer baute. Doch nach nicht einmal zwei Jahrzehnten verließ das Kreditinstitut die Toplage am Schnittpunkt Taunusanlage/Mainzer Landstraße. Das Gebäude mit einer Höhe von 75 Metern wechselte seine Besitzer, wurde 1995 saniert und als Vermietungsobjekt neu konzipiert. Sein Erscheinungsbild blieb im Wesentlichen erhalten, wurde lediglich verfeinert – im Gegensatz zu anderen älteren Hochhäusern.

Mies van der Rohes Seagram-Building stand bei den in Nordamerika während der 60er Jahre entstandenen Wolkenkratzern fast überall Pate. Natürlich auch in Deutschlands Hochhausmetropole am Main. Max Meid

Whoever it was that invented and first used the term 'Mainhattan' is shrouded in journalistic speculation. But long before the banking city on the Main acquired a new image along with the nickname, it was already considered the most American of German cities. It was, for example, American architectural models that dominated the post-war reconstruction. The major banks of the most powerful of all allies – for example, Chase Manhattan Bank – had their German headquarters in Frankfurt. The latter initially occupied a stately, late Victorian villa, which was replaced in 1972 by a high-rise building that not only accorded with New York tastes of the time but was built American-style by a general contractor. But before two decades were out, the bank had abandoned its top location at the intersection of Taunusanlage and Mainzer Landstrasse. The 75-metre-tall building changed owners, was refurbished in 1995 and put to new use as commercial lets. Its appearance remained basically the same, being merely improved, in contrast to other older high-rise buildings.

Mies van der Rohe's Seagram Building was the model for virtually all the skyscrapers built in North America in the 1960s – and, of course, for Germany's high-rise metropolis on the Main as well. Max Meid and Helmut Romeid, whose previous notable work had been the Nationalhaus, conceived the Chase Manhattan building as an extravagant centre of interest of what

‹
T 11 nach dem Umbau
T 11 after conversion

91

Chase Manhatten Bank vor dem Umbau

Chase Manhattan Bank prior to conversion

>

T 11 in neuem Gewand

T 11 in its new cladding

und Helmut Romeid, zuvor durch das „Nationalhaus" aufgefallen, konzipierten das Hochhaus der Chase Manhattan Bank als extravaganten Mittelpunkt einer schon damals absehbaren Hochhauslandschaft. Die Architekten entwarfen einen Solitär auf quadratischem Grundriss mit 16 Etagen und einem etwas abgesetzten Technikgeschoss. Für die Fassade des Stahlbetonskelettbaus wählte man auf Geheiß des Kreditinstituts eine Verkleidung aus schwarzbraunen Leichtmetallplatten und ebenso dunklen wie verspiegelten Fenstern. Der wesentlichste Unterschied zu den anderen in Frankfurt errichteten Bürogebäuden dieser Zeit war die Vergabe an einen Generalunternehmer – in den USA eine Selbstverständlichkeit, in Deutschland dagegen so gut wie unbekannt.

KONZEPT

Im Jahre 1990 verkaufte die Chase das Hochhaus an die Deutsche Grundbesitz-Investmentgesellschaft (DGI) mit dem Plan, das Gebäude – nun „T 11" genannt – wegen seiner Lage zu einem der teuersten Mietobjekte in Frankfurt zu entwickeln. Im Rückblick fällt auf, dass zu Beginn der 90er Jahre eine ganz Reihe von Hochhäusern umgebaut und neu konzipiert wurden. Neben der allfälligen Modernisierung im Inneren erhielten diese Bauten auch an der Fassade eine Auffrischung – bis zum völligen Charakterwechsel.

even then was foreseeable as a burgeoning high-rise landscape. They designed a free-standing, 16-storey building with a square ground plan and a somewhat recessed service storey on top. The façade of the reinforced concrete frame construction was – at the prompting of the bank – clad in black-brown, lightweight metal plating and dark, reflecting windows. The basic difference from other office buildings erected at that date in Frankfurt was that a general contractor was given the job – a matter of course in the USA, but virtually unknown in Germany.

CONCEPT

In 1990, Chase sold the building to the property company Deutsche Grundbesitz-Investmentgesellschaft (DGI), with the plan of developing the building – now called T11 – as the most expensive rental accommodation in Frankfurt, based on its position. In retrospect, it is noticeable that in the early 1990s a whole series of high-rise buildings were converted and redesigned. Along with the possible modernisation inside, the façade would also be given a makeover, sometimes to the point of changing its character entirely. T11 was different. Though it had high architectural qualities, it had nothing to boast about in the execution. Barely 20 years after completion, the building had glaring structural, fire-prevention and safety-related defects. Meid, who had designed the

Anders T 11, wobei dieses Haus zwar hohe architektonische, aber keine Qualitäten in der Ausführung vorzu-
weisen hatte. Kaum zwanzig Jahre nach Fertigstellung
hatte das Gebäude eklatante bauphysikalische, brand-
schutz- und sicherheitstechnische Mängel. Meid,
der das Hochhaus geplant hatte, wusste um die Aus-
führungsdefizite und gab KSP, nach gewonnenem ein-
geladenen Wettbewerb für die Sanierung des Gebäudes,
wertvolle Hinweise.

building, was aware of the deficiencies of execution, and
when KSP won the competition to refurbish the building
he came up with valuable tips.

The gloomy façade – previously single-wall – was
replaced. In combination with the light anti-glare glass,
the new anthracite-grey metal cladding looks much
friendlier than before. The prefabricated two-wall elements give the façade a profile and bring out the formal
structure of the building more strongly. They reinforce

T 11, FRANKFURT AM MAIN

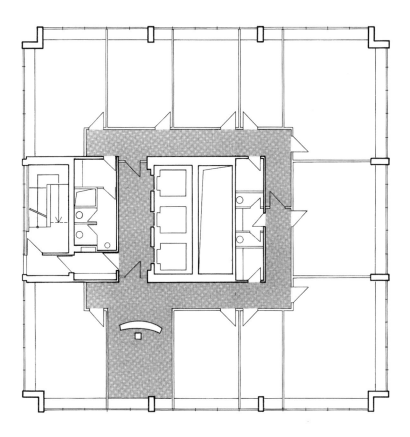

<
Treppendetail
Detail of the stairwell

Grundriss Regelgeschoss nach Umbau
Typical floor plan after conversion

Die düstere Fassade, zuvor einschalig ausgebildet, wurde ersetzt. Die neue anthrazitgraue Metallverkleidung wirkt in Kombination mit den hellen Sonnenschutz-scheiben weit freundlicher als vorher. Die vorfabrizierten zweischaligen Elemente geben der Fassade Profil und lassen die formale Struktur des Gebäudes stärker hervortreten. Sie stärken die Vertikalität des Hauses – und erweisen damit dem geänderten Umfeld Referenz. Die ehemals geschlossene, dunkle Metallverkleidung des Gebäudekopfes, in dem sich der Großteil der Technik befindet, ersetzen einfache Gitterroste. Er wirkt dadurch weniger massiv als zuvor. Nachts verstärkt sich dieser Eindruck, da in der Flucht der Lisenen und Fassadeprofile weiße Neonröhren das Gebäude optisch strecken. Das nächtliche Beleuchtungskonzept von T 11 war eines der ersten in Frankfurt, wobei hier versucht

the verticality of the building, in this respect having a totally different environment to take into account. The formerly closed, dark metallic cladding of the crown of the building, where most of the technical installations are housed, was replaced by a simple grid, which now looks thereby much less hefty than it did. This impression is [even] greater at night, as white neon tubes in the line of lesenes and façade profiles elongate the building visually. The nocturnal illumination scheme of T11 was one of the first in Frankfurt, the attempt being made to use a dim striplight around the core of the building to put across not just the top but the whole building as an entity that glowed from within.

The optimisation of the external appearance was matched by a quantum leap in quality inside the building. However, before this could be done the façade had to be removed and the load-bearing structure, which was in extremely poor condition, had to be made good with an expensive Torcret-process treatment. The existing induction air-conditioning was retained and refurbished, but energy efficiencies were nonetheless possible. A factor in the improvement was the slightly blue-tinted windows. Previously, the reflecting glass had made the interior so gloomy that even during the day the lights had always had to be turned on. In summer, anti-glare glazing prevents the offices from getting over-hot. In addition,

wurde, mittels eines schwach leuchtenden Lichtbandes
um den Gebäudekern, nicht nur die Spitze, sondern
das ganze Haus als illuminierte, von innen glühende
Einheit erscheinen zu lassen.

Die Optimierung des äußeren Erscheinungsbildes entsprach einem Qualitätssprung im Gebäudeinneren.
Zunächst musste allerdings nach dem Abbau der Fassade
das Tragwerk, das sich in äußerst schlechtem Zustand
befand, mit einem aufwändigen Torkretierverfahren
verbessert werden. Die vorhandene Induktionsklima-
anlage wurde erhalten und saniert. Die Energiebilanz
konnte dennoch gesenkt werden. Zu ihrer Verbesserung
tragen auch die bis auf eine leicht bläuliche Tönung
durchsichtigen Fenster bei. Früher sorgten die verspiegelten Gläser für eine so große Dunkelheit, dass selbst
bei Tag stets die Lampen eingeschaltet werden mussten.
Im Sommer verhindert eine Sonnenschutzverglasung
das übermäßige Aufheizen der Büros. Darüber hinaus
erfuhren die eher kleinen und engen Büros mit Ober-
lichtern und Glasschwertern, die die Zwischenwände
zur Fassade hin abschließen, eine optische Erweiterung:
Durch die Verglasung der fensternahen Zone fällt auch
das Tageslicht der Nachbarbüros in den Raum.

Die ununterbrochene Nutzung von vier Geschossen
stellte die Planer und die Ausführenden des Umbaus
vor einige Probleme: Standleitungen durften nicht unterbrochen, auch die Stromversorgung musste stets
aufrecht erhalten bleiben. Der gesamte technische
Apparat inklusive Medienausstattung wurde dennoch –
wegen der niedrigen Höhe in einem Bodenkanalsystem
untergebracht – erneuert. Insgesamt wurden 30 beliebig
kombinierbare Mieteinheiten mit einer Mindestgröße
von 150 Quadratmetern geschaffen. Die Sanitär- und
Kopierräume im Gebäudekern können dabei mit wenigen Handgriffen umgerüstet werden. Korrespondierend
zu besagtem Beleuchtungskonzept tritt bei aller flexiblen
Vermietbarkeit das Haus ästhetisch als Ganzes auf. Wie
der Kopf so bekam auch der Fuß des Gebäudes eine neue
Fassung, welche die vormals wenig städtisch anmutende
Sockelzone ersetzt. Die Fassade des gläsernen Erwei-
terungsbaus wurde gleichsam wie ein Schlitten unter
den Gebäudeschaft geschoben. Ein filigran-gläsernes
Vordach, eine Anhebung des Vorplatzes sowie noble
Materialien und ein großformatiges Gemälde von

›

Schnitt neuer Konferenzbereich
Cross-section of conference area

the rather small and cramped offices were made visually
larger by introducing toplights and glass fins in the partition walls on the façade side. With the area close to the
window being glazed, daylight from neighbouring offices
also comes into the room.

The continuing use of four floors posed a number
of problems for the planners and contractors doing the
conversion. Phone lines could not be interrupted, and
the power supply had to be maintained throughout.
Despite this, the entire technical set-up, including multi-
media equipment – accommodated in a floor duct system
because of the low height – was nonetheless renewed.
In all, 30 letting units were created, combinable as required
and with a minimum size of 150 square metres. The
cloakrooms and copying rooms in the core of the building
can be easily converted with minimum effort. With the
above-mentioned illumination scheme, the building
looks aesthetically unified despite all the flexibility in
the letting units. Like the top of the building, the bottom
of the building was also given a makeover, replacing the
not very urban-looking base area. The façade of the
glazed annexe building was pushed beneath the shaft of
the building like a sledge. A filigree, glazed projecting
roof, a raised forecourt, better-quality materials and a
large painting by A. R. Penck created a more prestigious
entrance in keeping with the character of a high-quality

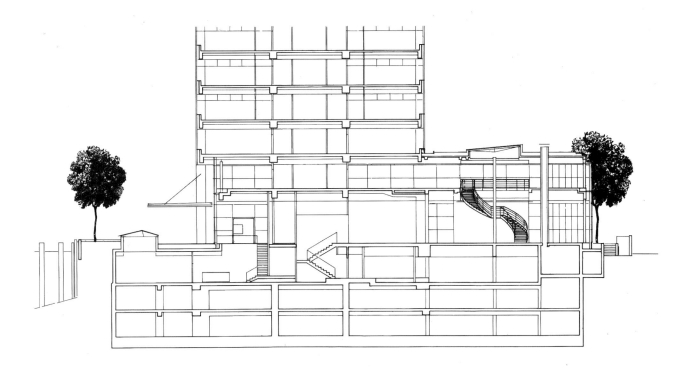

A. R. Penck schufen ein neues, repräsentatives Entree, das dem Charakter eines hochwertigen Bürohauses entspricht. Der zweigeschossige Glaskörper an der Mainzer Landstraße wurde für eine Bank konzipiert, wobei im Untergeschoss – eine Lichtpyramide holt Tageslicht nach unten – drei speziell ausgerüstete Konferenzräume allen Mietern und auch Fremdmietern offenstehen.

Die Umwandlung des Hochhauses von einem Eigennutzer- zu einem Mietobjekt bedingte ein neues Image. Dennoch wurde der sachlich-funktionalistische Charakter des Gebäudes nicht grundsätzlich infrage gestellt, sondern im Gegenteil seine Potentiale weiterentwickelt und zur Vollendung gebracht. T 11 verleugnet die Geschichte der ehemaligen Chase-Manhattan-Zentrale nicht. Den Schub, der den Frankfurter Hochhäusern der frühen 90er Jahre zu vorher unbekannten Höhen und einem neuen Design verhalf, konnte das Gebäude an der Taunusanlage 11 zur Entfaltung seiner innewohnenden, aufgrund der Umstände aber nicht ausgeführten Möglichkeiten nutzen. Nicht umsonst wurde T 11 als Musterbeispiel für einen Denkmalschutz der Moderne bezeichnet.

office building. The two-storey glass structure on the Mainzer Landstrasse was designed for a bank, but three specially equipped conference rooms are available in the basement to all tenants and also outside hirers. A light pyramid lets daylight into the basement.

The transformation of the high-rise building from an owner-occupier to a letting proposition required a new image. Yet the cool, functional character of the building was not basically altered. On the contrary, its potential was further developed and made the most of. T11 does not deny its past as the former Chase Manhattan headquarters. The building at 11 Taunusanlage was able to exploit the early 1990s' trend in Frankfurt towards high-rise buildings of previously unknown heights and a new design, in order to bring out latent possibilities that had not previously been executed because of circumstances. Not without reason was T11 described as a classic example of how to set about conserving modernism.

BAUHERR | CLIENT Va No. 1 Dischhaus GmbH & Co KG

BGF 13.900 m² | GFS 13,900 m²

BRI 44.500 m² | GV 44,500 m²

FERTIGSTELLUNG | COMPLETED 02/2008

MIT SCHWUNG
SWEEPING BACK

DISCH-HAUS, KÖLN
DISCH BUILDING, COLOGNE

Köln hat den Dom, zwölf romanische Kirchen – und das Disch-Haus. Laut Architekturführer Köln ist es das berühmteste und wichtigste Gebäude aus den 20er Jahren in der Domstadt.[1] Und nicht nur das: Die Form des Büro- und Geschäftsgebäudes, jene vielzitierte „unendliche" Kurve des Baukörpers oder sein atemberaubend elegantes Treppenhaus war Vorbild für viele andere Gebäude in Köln Anfang der 30er Jahre und auch, als man den Bezug zu demokratischen Vorkriegstraditionen suchte, in der Architektur des Wiederaufbaus.[2] Doch trotz seiner Prägnanz und Bekanntheit blieben dem nach Plänen von Bruno Paul und Franz Weber 1929 fertig gestellten Bau die Wechselfälle der Geschichte nicht erspart. Beschädigt im Zweiten Weltkrieg, danach notdürftig wieder aufgebaut, Anfang der 80er Jahre dem Abriss nahe, hatte es die Stadt Köln zwischen 1983 und 1984 saniert und für verschiedene Behörden – u. a. ein Meldeamt – umgebaut.[3] Ende Dezember 2006 verkaufte der Rat der Stadt Köln das denkmalgeschützte Haus nach einem Ausschreibungsverfahren für 18,3 Millionen Euro an eine Objektgesellschaft, die aus dem UBS (Lux) Euro Value Added Real Estate Fund, der Colonia Real Estate und Redos Real Estate besteht.[4] KSP Engel und Zimmermann erarbeiteten ein Sanierungskonzept, welches das Gebäude entsprechend seiner 1a-Lage in der Kölner Innenstadt

Cologne has the cathedral, twelve Romanesque churches – and the Disch-Haus (Disch Building). According to one architectural guide to Cologne, it is the most famous and most important 1920s building in the cathedral city.[1] And not only that: the shape of the office building and store, and the celebrated 'unending' curve of the fabric or its breathtakingly elegant stairwell inspired many other buildings in Cologne in the early 1930s, and also when references to democratic pre-war traditions were being sought for the architecture of the reconstruction.[2] Yet despite its crispness and familiarity, the building constructed to plans by Bruno Paul and Franz Weber in 1929 did not escape the vicissitudes of history. Damaged in World War II, patched together afterwards, it came close to demolition in the early 1980s before the city of Cologne refurbished it between 1983 and 1984, converting it for the use of various authorities, including a police registration office.[3] At the end of December 2006, the city council invited bids for the listed building, and sold it for 18.3 million euros to a property-holding company set up by UBS (Lux) Euro Value-Added Real Estate Fund, Colonia Real Estate and Redos Real Estate.[4] KSP Engel und Zimmermann produced a refurbishing scheme that envisaged the building being leased out for upmarket offices in the high-cost sector, matching its 1a location in downtown Cologne. High-quality office and retail space

‹

Das Disch-Haus
nach dem Umbau

The Disch Building
after reconstruction

als Vermietungsobjekt für anspruchsvolle Büronutzer im hochpreisigen Segment vorsieht. Hochwertige Büro- und Einzelhandelsflächen mit verschiedenen Klimatisierungsvarianten wurden verknüpft mit dem Wiederherstellen der ursprünglichen Anmutung und gleichzeitiger Anpassung an aktuelle technische Erfordernisse. Bereits im Frühjahr 2008 konnte im Erdgeschoss ein exquisites Warenhaus eröffnet werden.

Die Vermarktung des revitalisierten Disch-Hauses stützt sich entscheidend auf das äußert positive Image des Gebäudes. In enger Abstimmung mit der Denkmalschutzbehörde wurde deshalb die Fassade aus Cannstatter Travertin saniert. Fassadengutachter haben jede der gekrümmten Natursteinplatten untersucht, etwa zehn Prozent davon wurden ausgetauscht. Unerlässlich für das charakteristische Erscheinungsbild der Fenster sind deren filigrane Rahmung und Untergliederung: Die bei der Sanierung 1982–1984 eingesetzten Dreh-Kipp-Fenster mit ihren überbreiten Rahmen wurden durch neue Fenster mit Isolierglas und wesentlich schlankeren, mit dunklem Eisenglimmer gestrichenen Rahmen ersetzt, wobei ein überstehendes Profil die Fensterzarge optisch verschlankt. Zur kurvigen Wirkung des Baukörpers tragen maßgeblich auch die gebogenen Vitrinen und Schaufenster im Erdgeschoss bei. Die

with various air-conditioning options were linked with reconstructing the original appearance while at the same time bringing the building's technical installations up to date. A high-class department store opened on the ground floor in the spring of 2008.

Marketing the revitalised Disch Building is based principally on the highly positive image of the building. The façade of Cannstatt travertine was therefore refurbished in close coordination with the conservation authorities. Façade experts examined each of the curved, natural-stone slabs, with around 10 per cent being replaced as a result. Essential to the characteristic appearance of the windows is the filigree framing and its subdivisions. The tilt and turn windows introduced during the 1982–1984 refurbishment with their over-wide frames were replaced by new windows with double-glazing and noticeably more slender frames coated with a mica finish, with a projecting profile making the window frames visually more slender. The curved window displays and shop windows on the ground floor make a considerable contribution to the curved effect of the building. The original shape, which was lost during renovation in the 1980s, was thus restored. However, economic reasons prevented the reinstatement of the topmost, set-back floor, which had been left unbuilt in the post-1945 restoration and also during the 1982–1984 refurbishment.

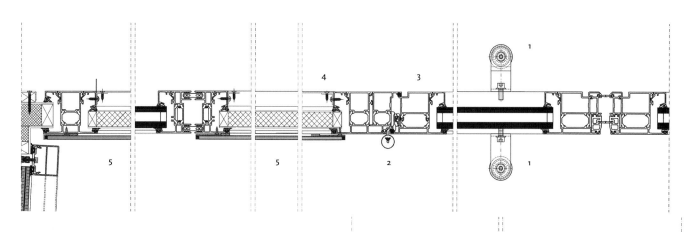

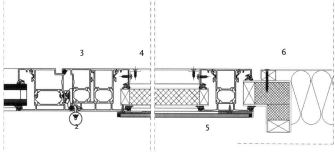

Disch-Haus zur Entstehungszeit

The Disch Building at the time of its construction

Detail Eingang

Detail entrance

Erdgeschoss und Regelgeschoss nach dem Umbau

Ground floor and standard floor after conversion

1 Stoßgriff	1 Push handle
2 Band, Oberfläche schwarz	2 Strap, black surface
3 Alu-Blech-Paneel	3 Aluminium plate panel
4 Alu-Winkel	4 Aluminium bracket
5 ESG 6mm farbbeschichtet	5 Toughened safety glass, 6-mm colour coated
6 Alu-Blech	6 Aluminium plate

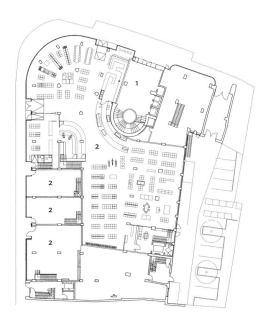

1 Foyer

1 Lobby

2 Ladeneinheiten

2 Retail unit

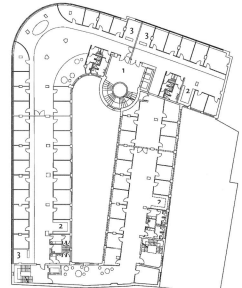
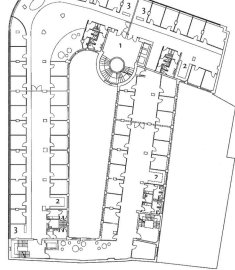

1 Foyer

2 Teeküche

3 Empfang

1 Lobby

2 Kitchen

3 Reception

ursprüngliche Gestalt, die bei der Renovierung in den
80er Jahren verloren ging, konnte wiederhergestellt
werden. Gegen die Wiedererrichtung des obersten
Staffelgeschosses allerdings, das man schon bei der
Instandsetzung nach 1945 und auch im Rahmen der
Sanierung 1982–1984 nicht mehr wieder aufgebaut
hatte, sprachen wirtschaftliche Gründe: Nach Abzug
der für die Erschließung notwendigen Flächen wäre
die vermietbare Bürofläche zu gering gewesen.

Die Büroflächen in den Obergeschossen können in bis
zu vier Mieteinheiten mit einer Mindestgröße von
200 Quadratmetern pro Etage geteilt werden. Zwei
davon lassen sich über das Haupttreppenhaus an der
Brückenstraße erschließen, das zusammen mit dem
Paternoster in Kooperation mit dem Denkmalschutz
restauriert wurde. Die beiden anderen Einheiten erreicht
man über das Nebentreppenhaus an der Herzogstraße,
das nun eine eigene Adresse bildet. Eine flexible Raumgestaltung, bei der sich alle gängigen Bürovarianten
bilden lassen, ersetzt die einstigen, ziemlich knappen
Zellenbüros. Die Abhängungen unter den Decken,
die früher die lichte Höhe auf 2,65 Meter begrenzten,
wurden bis auf die Erschließungszonen (dort F 30- bzw.
F 90-Abhängungen) entfernt. Die lichte Höhe beträgt
nun 2,94 Meter, auf Doppelböden wurde verzichtet.

Offene Verkaufsbereiche im Erdgeschoss
Open selling area on the ground floor

›

Großzügige Schaufensterfassade des Erdgeschosses
The broad display window façade of the ground floor

With the loss of floor space needed to access it, the amount
of rentable office space would have been too little.

The office space on the upper floors can be divided
into up to four rentable units, with a minimum size of
200 m² per floor. Two of these are accessed via the main
stairwell in Brückenstrasse, which was restored along
with the paternoster in cooperation with the conservation
department. The two other units are accessed by the
subsidiary stairwell on Herzogstrasse, which now forms
a separate address. A flexible arrangement of space providing for all current office-layout variants replaces the
former rather cramped cubicle offices. The suspensions
beneath the ceilings, which previously limited clearances
to 2.65 metres, were removed except for the access zones,

Statt der früheren Deckenleuchten spenden nun Steh-
lampen zusätzliches Arbeitslicht. Sämtliche Installa-
tionskanäle und Medienverkabelungen verlaufen
jetzt unter weißen, sehr klar und sachlich gestalteten
Brüstungsverkleidungen. Die Mieter der Büroflächen
können bei der Klimatisierung unter drei verschiedenen
Komfortstufen wählen. Schächte und Kanäle sind für
alle haustechnischen Ausstattungsvarianten entsprechend vorgerüstet.

Das Disch-Haus ist Beispiel dafür, das Renommee eines
bekannten, seinem Ursprungszustand wieder ange-
näherten Gebäudes mit den aktuellen Anforderungen
von anspruchsvollen Büro- und Einzelhandelsnutzungen
zu verbinden.

1 Fußbroich/Holthausen 1997, S. 68.

2 Vgl. Lieb/Zimmermann 2007.

3 Details bei Zimmermann 2006.

4 Siehe Rust 2007.

where suspensions were F30 or F90. The clearance is now
2.94 metres, double floors being dispensed with. Instead
of the previous ceiling lights, standard lamps now provide
additional working lighting. All the installation ducts
and technical cables run beneath white, very clearly and
sensibly designed socle wainscoting. Tenants of the offices can opt for three different levels of comfort with
the air-conditioning. Shafts and ducts are pre-installed
for all variants of technical installations.

The Disch Building is an example of how the reputation of a familiar building restored to its original condition can be combined with the current requirements
of high-quality offices and retail uses.

1 Fussbroich/Holthausen 1997, p. 68

2 Cf. Lieb/Zimmermann 2007

3 Details in Zimmermann 2006

4 See Rust 2007

BAUHERR | CLIENT Vivacon AG

BGF 6.350 m² | GFS 6,350 m²

BRI 22.750 m² | GV 22,750 m²

FERTIGSTELLUNG | COMPLETED 04/2005

WOHNEINHEITEN 46 | RESIDENTIAL UNITS 46

DENKMALGERECHTE NEUE NUTZUNG
NEW USE, SOUND CONSERVATION

HOCHPFORTENHAUS, KÖLN

HOCHPFORTENHAUS, COLOGNE

Dass in Finanznachrichten von einem bedeutenden Gebäude der klassischen Architekturmoderne die Rede ist, geschieht vergleichsweise selten. Beim Hochpfortenhaus in Köln war dies anders. Als die Vivacon AG im Juni 2003 den Bau erwarb, wurde sie als Outperformer eingestuft und die beabsichtigte Umwandlung von einem Büro- und Geschäftsgebäude in ein Wohn- und Geschäftsgebäude von Wohlwollen begleitet. Besonders begeistert waren die Analysten von dem Geschäftsmodell: denkmalgeschützte Immobilien zu kaufen, zu revitalisieren, zu separieren und anschließend als Eigentumswohnungen mit Erbbaurecht zu verkaufen. Den Käufern der Wohnungen im Hochpfortenhaus winkte dagegen eine Denkmalabschreibung bis zu 35 Prozent des Kaufpreises. Bereits im November 2003 waren sämtliche Einheiten – insgesamt 46 Wohnungen und vier Gewerbeeinheiten – verkauft. Dass zum Umbau eine Erweiterung der Brutto-Grundfläche von 300 Quadratmetern und eine Steigerung der Nutzfläche um weitere 600 Quadratmeter bei gleichzeitiger Restaurierung der ursprünglichen Fassade kam, sollte das Engagement des Investors nochmals sinnvoller machen.

Das Haus an der Ecke Hohe Pforte/Agrippastraße verhehlt sein weitaus bekannteres Vorbild nicht: Gleich dem kurz vorher fertig gestellten Disch-Haus nimmt

For an important building of classic architectural modernism to make the pages of the financial press is relatively rare. In the case of the Hochpfortenhaus in Cologne it was different. When Vivacon AG bought the building in June 2003, the firm was classified as an "outperformer", and the proposed conversion from an office and commercial property into a residential and commercial building was greeted with general benevolence. The analysts were particularly excited by the business model, which involved buying, revitalising, splitting up and subsequently selling off listed properties as freehold apartments (condominiums) with heritable building rights. The carrot for purchasers of the apartments in the Hochpfortenhaus was a listed-building tax deduction of up to 35 per cent of the purchase price. By November 2003, all the units – a total of 46 flats and four commercial units – had been sold. A 300-square-metre extension of the gross floor space (GFS) and an increase of the usable floor space by a further 600 square metres for the conversion along with a simultaneous restoration of the original façade would make even more sense of the investor's commitment.

The building at the corner of Hohe Pforte and Agrippastrasse makes no secret of its far better-known inspiration. Like the Disch Building constructed shortly before, it has a memorably elegant curve, emphasises the middle storey, and has shops with large shop windows

‹

Restaurierte Fassade

Hochpfortenhaus

Restored façade of

the Hochpfortenhaus

Hochpfortenhaus in den 6oer Jahren
The Hochpfortenhaus in the 1960s

›
Gebäude nach Umwidmung
The building in its new function

es mit elegantem Schwung die Kurve, betont die Mittel-
geschosse, im optisch zurückgesetzten Erdgeschoss
öffnen sich mit großformatigen Schaufenstern Läden.
Clemens Klotz,[1] zusammen mit Josef Fieth Architekt
des Hochpfortenhauses, fand mit rotem Backstein und
hochformatigen Fenstern dennoch zu einer eigenstän-
digen Gestaltung der Fassade. Gleich seinem Vorbild
dienten die Obergeschosse als Büroetagen, gleich ihm
überstand es den Bombenkrieg nur mit einigen Schäden,
gleich ihm wurde es in den Jahrzehnten vor dem Verkauf
von der Stadtverwaltung genutzt. Als die Vivacon das
Gebäude erwarb, war das Haus ziemlich heruntergekom-
men. Die Umbauplanungen fanden deshalb in intensiver
Kooperation mit der Denkmalschutzbehörde statt.

Wichtigstes Ziel war eine detailgerechte Wiederherstellung der charakteristischen Teile des Gebäudes –
des äußeren Erscheinungsbildes, des Entrees und des
Treppenhauses. Die Fenster hatten ursprünglich feine
Stahlprofile, waren mittig geteilt und mit horizontalen
Sprossen versehen, wurden aber bei der Wiederher-
richtung des Gebäudes nach dem Zweiten Weltkrieg
völlig verändert. Beim neuerlichen Umbau erhielten
die Fenster wieder die angestammten Metallprofile,
Teilung und Sprossen wurden wiederhergestellt. Die
Scheiben aber bestehen nun aus wärmedämmendem

opening up a recessed ground floor. However, the architects, Clemens Klotz[1] and Josef Fieth, produced an
individual design for the façade by using red brick and
vertical windows. As in the Disch Building, the upper
storeys were used as offices; like its forerunner, the
Hochpfortenhaus escaped the bombing raids relatively
intact, and again like its forerunner, it was used in the
decades before the sale by the city authorities. When
Vivacon bought the building, it was rather run down.
The conversion plans were therefore drawn up in close
cooperation with the conservation authorities.

The most important objective was an accurate
restoration in detail of the characteristic parts of the
building: the external appearance, the entrance and the
stairwell. The windows originally had fine steel profiles,
which were divided in the middle and provided with

Isolierglas. Auch im Erdgeschoss wurden die historischen Fenstereinteilungen mit einer Achterteilung der Fenster wieder aufgenommen. Neue Zutaten auf der Hofseite sind teilweise versetzte Balkone, die den Wohnungen und deren verschiedenen Größen folgen. Insgesamt erinnert die neue Hofseite durch die kubisch wirkenden Balkone an die weiße Moderne der Entstehungszeit des Gebäudes. Entree und Treppenhaus wurden ebenfalls restauriert, wo Details verschwunden waren, auch nach alten Fotos und Plänen rekonstruiert – etwa die markante Installation mit acht ballonförmigen Leuchten in der Eingangshalle. Der Natursteinbelag wurde ausgebessert, das schwungvolle Geländer erhielt dezente Ergänzungen. Ein zeitgenössisches Zeugnis ist die elegante, als skulpturales Möbel ausgebildete Briefkastenanlage. Das großzügig verglaste, vierflügelige Portal aus den 50er Jahren mit organisch-zeittypischen Beschlägen und Griffen wurde sorgsam restauriert.

Aufgrund der geplanten Umwidmung musste im Inneren die Substanz bis auf die tragenden Bauteile entkernt werden. Mit einer Ausnahme: Im ersten Obergeschoss blieb der ehemalige Büroflur in seiner einstigen, äußerst großzügigen Breite. In den oberen Etagen wurden die Korridore verkleinert oder – wie bei den durchgesteckten Maisonnettewohnungen im dritten und fünften

horizontal bars, but during the post-World War II restoration of the building, they were completely changed. In the most recent conversion, the windows regained the original metal profiles, vertical subdivisions and horizontal bars. However, the panes now consist of thermal double-glazing. On the ground floor as well, the historical window divisions into eight lights were restored. Additions on the courtyard side include balconies, some of them staggered, which match the apartments and their various sizes. Overall, with the cubic-looking balconies, the new courtyard side recalls the white modernism of the original construction date. The entrance and stairwell were likewise restored. Where details had disappeared, they were reconstructed from old photos and plans, such as the distinctive lighting with eight balloon-shaped globes suspended in the entrance hall. The natural stone flooring was repaired, and the curving banisters were unobtrusively supplemented. A contemporary feature is the elegant letterbox system, designed as sculptural furniture. The liberally glazed, four-part doorway from the 1950s was carefully restored with organic mountings and handles typical of the period.

Because of the planned change of use, the fabric inside had to be gutted down to the load-bearing parts. With one exception: on the first floor, the former office corridor retained its thoroughly grandiose breadth. On

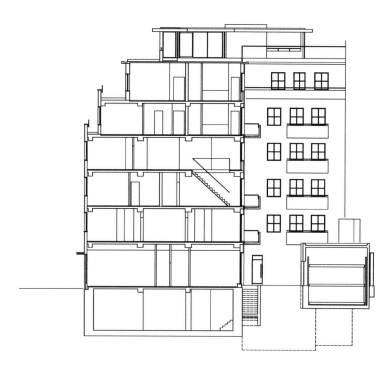

Obergeschoss – ganz der Erschließungsfläche innerhalb der Wohneinheiten zugeordnet. Die Wohnungsgrößen bewegen sich zwischen 35 und 185 Quadratmetern. Zwischenwände wurden als mit Gipskarton beidseitig beplankte Metallständerkonstruktionen ausgeführt. Im Zuge der Umwidmung ersetzte man alle bestehenden Installationen. Schächte wurden im Sinne der aktuellen Anforderungen des Brandschutzes ertüchtigt, fehlerhafte Brandwände ausgetauscht. Im fünften Obergeschoss entstanden Dachpavillons in Leichtbauweise und Dachterrassen, wodurch die Bruttogeschossfläche gesteigert werden konnte. Wegen dieser Aufbauten mussten allerdings die Decken statisch verstärkt werden.

Wohnen in einem als Kulturdenkmal eingestuften Gebäude heißt Abstriche machen. Wegen der denkmalgerechten Restaurierung konnten verschiedene Anforderungen nicht eingehalten werden. Gegen die Minderung des Komforts steht die Minderung des Kaufpreises, die Noblesse des Gebäudes und die zentrale Lage. Die Ausstattung der Wohneinheiten erfolgte in sehr gehobenem Standard. Für die Gewerberäume wurden lediglich die Flächen vorbereitet, deren Ausstattung nahmen die Innenarchitekten der jeweiligen Käufer bzw. Mieter vor. Das Hochpfortenhaus ist eine

Schnitt Eingangsbereich und Wohnungen
Cross-section of entrance area and apartments

›

Die zugefügten Balkonkuben erinnern an die
Entstehungszeit des Gebäudes.
The added balconies are reminiscent of the original period

the upper floors, the corridors were reduced or – as in the maisonette apartments cut through on the third and fifth floors – moved to the access areas within the residential units. The apartments vary in size between 35 and 185 square metres. Partition walls were carried out as metal stud walls planked on both sides with plasterboard. All the existing installations were replaced during the conversion. Shafts were upgraded to meet current fire protection requirements, and inadequate firewalls were exchanged. On the fifth floor, lightweight roof pavilions and roof terraces were built, allowing the GFS to be increased. Because of these additional structures, the ceilings had, of course, to be reinforced statically.

<
Foyer mit restaurierter Lichtrotunde
Entrance hall with restored lighting globes

Detail Treppengeländer
Detail of the banisters

beispielhafte Revitalisierung. Es gelang, ein durch jahrelange Vernachlässigung bereits angegriffenes Baudenkmal zu retten, es gleichzeitig zu restaurieren und für ein Wohngebäude zu adaptieren, so dass das wichtige Beispiel der Klassischen Moderne in Köln Zukunft hat. Die neue Nutzung bot darüber hinaus einen praktikablen Weg, die Revitalisierung mithilfe der Steuergesetzgebung wirtschaftlich zu gestalten.

Living in a building classed as a cultural monument means making concessions. For the restoration to meet conservation requirements, various expectations could not be catered to. The reduction in facilities was offset by the reduction in the purchase price, the stylishness of the buildings and the central position. The residential units were fitted out to a very high standard. In the commercial units, only the surfaces were prepared, with the interiors being fitted out by the purchasers' or tenants' own interior designers. The Hochpfortenhaus is a model of revitalisation. A listed building that was deteriorating from years of neglect was saved and restored and adapted as a residential building, so that an important example of classic modernism in Cologne has a future. On top of that, the new use offered a practicable way to arrange revitalisation viably with the help of tax legislation.

1 Zur Biografie Klotz' vgl. Leser 1991.

1 For the biography of Klotz, see Leser 1991.

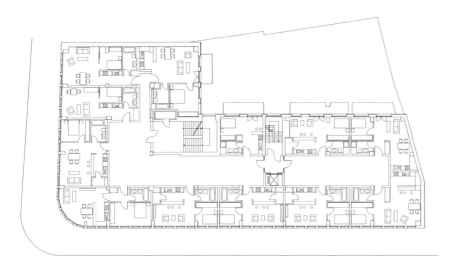

›

Hofansicht

View of courtyard

Grundriss 1. Obergeschoss nach Umwidmung

Floor plan of 1st floor after conversion

Grundriss Staffelgeschoss

Ground plan of additional floor

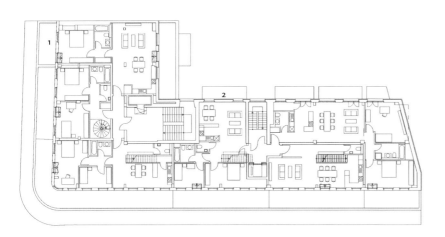

1 Loggia

2 Balkon

1 Recessed balcony

2 Balcony

BAUHERR | CLIENT DIC/MSREF Frankfurt Objekt Hasengasse GmbH

BRI 12.000 m² | GFS 12,000 m²

BGF 44.500 m² | GV 44,500 m²

PARKPLÄTZE 26 | PARKING PLACES 26

FERTIGSTELLUNG | COMPLETED 09/2007

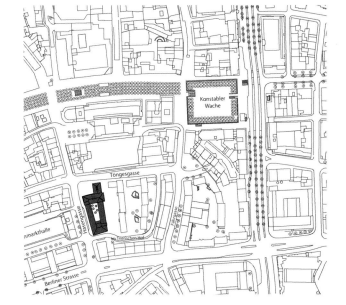

„HALB SO TEUER, DOPPELT SO GUT"
"HALF THE PRICE, TWICE AS GOOD"

ZENTRALBIBLIOTHEK DER STADTBÜCHEREI, FRANKFURT AM MAIN

CENTRAL MUNICIPAL LIBRARY, FRANKFURT AM MAIN

‹

Die freie Form des
Leseturms kontrastiert
mit dem strengen
Raster der Funktions-
bereiche.

**The curvy shape of the
reading tower contrasts
with the strict grid of
the functional areas.**

Lageplan

Local plan showing site

Frankfurt C-Lage, mit Tendenz D-Lage. Obwohl in der Innenstadt gelegen, keine fünf Minuten zur Zeil und zum Römerberg, gibt die Gegend zwischen Fahrgasse im Osten, Holzgraben im Norden, Am Salzhaus im Westen und der Rückseite der Berliner Straße im Süden nicht das Bild ab, mit dem Touristikmagazine von den Vorzügen und Schönheiten Frankfurts künden könnten. Und das liegt nicht einmal an der Bebauung, vielleicht ein wenig an der Nutzung, jedoch in erster Linie am heruntergekommenen öffentlichen Raum. Dessen ungeachtet hat dieses teils chaotische, teils aber auch ganz ruhige Quartier ein eigenes Flair, das von ruhigen, üppig begrünten Hinterhöfen über die bunt-opulenten Stände der Händler in der Kleinmarkthalle bis zu einem vielfältigen Nachtleben reicht, das seinesgleichen in der Mainmetropole sucht. Und, wo der öffentliche Raum gepflegt wird, da strömen die Passanten, da gibt es ein reichhaltiges Angebot an Läden, Cafés und Spezialgeschäften. Der Kommunalpolitik, der Stadtverwaltung ist dieses Missverhältnis bewusst. Ein Beitrag zur Aufwertung dieses Teils der Innenstadt – bei gleichzeitiger Wahrung der städtebaulichen Kontinuität – war die Verlegung der Zentralbibliothek von der Ostzeil in die ehemalige Hauptverwaltung der Frankfurter Sparkasse an der Hasengasse. Denn, glaubt man den Eröffnungsreden der Politiker und den Schlagzeilen der Lokalpresse,

Frankfurt class C location, tending towards D. Although in the city centre, barely 5 minutes from the Zeil and Römerberg, the area between Fahrgasse in the east, Holzgraben in the north, Am Salzhaus in the west and backing onto Berliner Strasse in the south does not look like the sort of place you would highlight as the advantages and beauties of Frankfurt in a tourist magazine. And that's not even the fault of the buildings, though maybe it has a little to do with what they are used for. Primarily it's a run-down public area. Despite this, this rather chaotic but in places also very peaceful quarter has an appeal of its own that ranges from quiet, green backyards via colourful, opulent stalls of vendors in the Kleinmarkthalle to the diverse nightlife, which is unique in the city. And where public spaces are looked after, there's no shortage of footfall, there are plenty of shops, cafés and specialist stores. Local politicians and the city administration are aware of this uneven relationship. It was to help improve this part of the city centre – while at the same time preserving the urban fabric – that the Central Library was moved from the Ostzeil into the former head office of the Frankfurter Sparkasse in Hasengasse. If you believe the opening speeches of politicians and headlines in the local press, the building, built in 1956 and now revitalised with its new public use, is a stroke of luck for a hitherto much neglected area.[1]

115

Sparkassengebäude in den 50er Jahren
Sparkasse building in the 1950s

>

Die Zentralbibliothek mit neuem Quartiersplatz
The Central Library with the new square

dann ist das einst 1956 fertig gestellte, nun revitalisierte Gebäude mit seiner neuen öffentlichen Nutzung ein Glücksfall für das bislang vielfach vernachlässigte Quartier.[1]

Das Gebäude, sein ehemaliger Eigentümer – damals noch „Stadtsparkasse Frankfurt am Main" geheißen – und der Ort sind wesentlich mit der Nachkriegsgeschichte der Bankenstadt verbunden. Gerade in der schwer zerstörten Innenstadt wurden mit der eher kleinteiligen Wohnbebauung rund um den Römerberg, der gemischten Wohn- und Geschäftsbebauung in Richtung Zeil und mit maßstabsetzenden Großbauten wie Bundesrechnungshof, „Juniorhaus", „Bayerhaus" oder „Bienenkorbhaus" ein Neuanfang gesetzt. Auch die Stadtsparkasse leistete einen erheblichen Beitrag zum Wiederaufbau.[2] Vom Tage der Währungsreform bis zum Ende des Jahres 1955 hatte das Institut Darlehen mit einer Summe von insgesamt rund 25 Millionen Euro bewilligt. Im Jahre darauf konnte die Sparkasse die neue sechsgeschossige Hauptstelle mit rund 10 000 Quadratmetern nach den Plänen einer Planungsgemeinschaft der Architekten Franz C. Throll, Helmut Riegler sowie der Frankfurter Aufbau AG auf dem zugewiesenen Grundstück an der Hasengasse errichten. Die Natursteinfassade mit dunkel-kontrastierenden

The building, its former owner – then still called Stadtsparkasse Frankfurt am Main – and the place are intimately connected with the post-war history of the banking capital. A new start was made particularly in the heavily bombed inner city with a rather piecemeal residential rebuilding round Römerberg, mixed residential and office development towards the Zeil and new, major benchmark buildings such as the Federal Audit Office, 'Junior House', Bayer Haus and the Bienenkorbhaus. The Stadtsparkasse also did its bit for reconstruction.[2] From the day of the currency reform to the end of 1955, the bank provided loans totalling around 25 million euros. The following year, the bank built a new, six-storey head office with around 10,000 square metres of space to the plans of a consortium of architects Franz C. Throll, Helmut Riegler and Frankfurter Aufbau AG on the designated site in Hasengasse. The stone-clad façade with dark, contrasting muschelkalk parapets, a severe grid façade that visually reflected the matter-of-fact functionality inside, and the flying roof sticking out towards Hasengasse over the main entrance on the ground floor lent the new state-owned building a dignity that was both timeless and typical of its time.[3] Inside, every superfluous element was dispensed with, with great emphasis being placed on clear spatial design. It was a building like so many in the years of the German economic miracle,

Muschelkalk-Brüstungen, das strenge Raster, das die sachliche Funktionalität des Inneren optisch nach außen trug, und das nach der Hasengasse verdrehte auskragende Flugdach über dem Haupteingang im Erdgeschoss verliehen dem „staatlichen Neubau" (Franz Lerner) eine zugleich zeitlose wie zeittypische Würde.[3] Wobei im Inneren auf alles Überflüssige verzichtet, indes auf eine klare Raumgestaltung großen Wert gelegt wurde. Ein Bau wie so viele in den bundesdeutschen Wirtschaftswunderjahren, mit denen man zunächst tastend, dann zunehmend selbstbewusst bescheidenen Wohlstand und die Hoffnung auf demokratischen Neubeginn demonstrierte.

Das Gebäude wurde in den 70er Jahren mehrfach umgebaut und dem Zeitgeist unvorteilhaft angepasst.[4] In den 80er Jahren sanierte man auch die Fassade. Ende 2004 erwarb dann die DIC (Deutsche Immobilien Chancen) zusammen mit Morgan Stanley den Bau. Aus den Alternativen Abriss und Neubau, Aufstockung und Erweiterung oder Umbau wählte man die letztere und kostengünstigste Variante. Eine Entscheidung auch zum Wohl der Kommune und ihrer lesenden Bürger: denn diese Variante sorgte auch für eine kostengünstige Miete. Die Hälfte des Betrages, den die Stadt mit der Verlegung in dieses neue Domizil spart, immerhin

indicative of a society demonstrating, at first hesitantly then with increasing self-confidence, its modest prosperity and hopes for a democratic restart.

The building was rebuilt several times in the 1970s and adapted to the zeitgeist – to its disadvantage.[4] In the 1980s, the façade was also refurbished. In late 2004, the building was finally acquired by Deutsche Immobilien Chancen (DIC) and Morgan Stanley. After comparing the options – demolition and rebuilding, adding floors and extensions, and conversion – the latter was chosen as the cheapest. It was a decision that benefited the community and its reading citizens, because it was the option that also provided the cheapest rent. Half of the amount that the city saved by moving into this new home (at least 500,000 euros) went to the library itself, which was therefore able to its extend its opening hours and acquire 20,000 new media. Bearing in mind that there is also room in the upper floors for the offices of the municipal Shareholdings Department and the Women's Department, the epithet "overwhelmingly beautiful" that Frankfurt's Mayoress Petra Roth used at the opening of the library acquires a second meaning. Given that 1950s' buildings are relatively unpopular in Frankfurt, the popular enthusiasm that greeted the conversion in Hasengasse is utterly amazing, particularly since the work done was rather modest given the limited budget. Nevertheless,

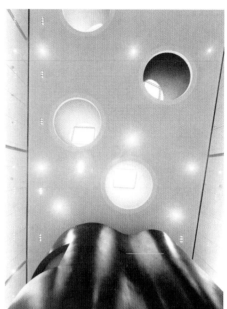

500 000 Euro, kommt der Bibliothek zugute, die deshalb ihre Öffnungszeiten erweitern und 20 000 Medien neu erwerben konnte. Eingedenk, dass sich in den oberen Stockwerken auch noch Platz für die Büros des städtischen Referats Beteiligungen sowie des Frauenreferats fand, erhält das Attribut „überwältigend schön", das Frankfurts Oberbürgermeisterin Petra Roth bei der Eröffnung der Bücherei gebrauchte, eine zweite Bedeutung. Vor dem Hintergrund, dass die Bauten der 50er Jahre in Frankfurt relativ unpopulär sind, ist die breite Zustimmung, die der Umbau in der Hasengasse gefunden hat, äußerst erstaunlich. Und das, obwohl die Eingriffe angesichts des beschränkten Budgets relativ bescheiden blieben. Dennoch gelang es, unter Berücksichtigung des Bestandes dem Gebäude eine neue Identität zu geben. Voraussetzung war eine genaue Analyse des Bestandes. Die Verwandtschaft der vorgefundenen und zukünftigen Raumtypen legte nahe, die ehemalige Kassenhalle zum zentralen „Marktplatz" der Bibliothek mit Ausleihe- und Rückgabe- sowie Informationsstelle umzufunktionieren.

Die wirksamste wie auch sichtbarste Maßnahme war, die Decke der zweigeschossigen Kassenhalle, die wie ein überdachtes Atrium zwischen den vier Verwaltungsriegeln liegt, um ein Geschoss anzuheben und damit

the building gained a new identity that took the existing building into account. A vital first step was a precise analysis of that existing building. The affinity between the existing and future types of rooms indicated that the former banking hall should become the central 'market place' of the library, where the lending and return and information functions would be handled.

The most effective and also most visible measure was to raise by one floor the ceiling in the two-storey banking hall, which is located between the four office wings like a roofed atrium, so as to let in light and air for the library staff and readers. The previous saddle roof of the hall was replaced by an accessible flat roof. The former banking hall is now partly lit by natural daylight by five tall cones of light painted inside in warm colours. The spacious effect of the 'market place' is enhanced by a whole series of factors. One is that the first and second floors are designed as galleries, with the second being separated from the hall by glass walls. Another is the broad, very light and striking flight of steps lit from

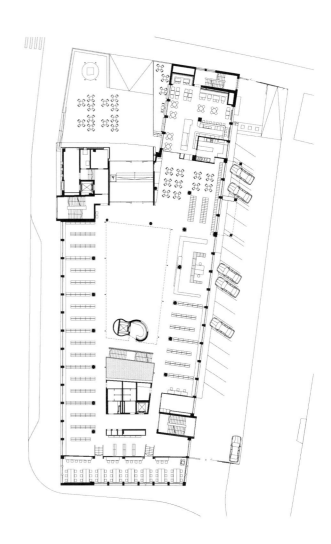

‹

Neue Dachterrasse mit Lichtkanonen
New roof terrace with skylights

Oberlichter von der Halle aus gesehen
Skylights seen from the hall

Grundriss Erdgeschoss nach dem Umbau
Floor plan of ground floor after conversion

Grundriss und Schnitt Bestandsgebäude
Ground plan and section of building as it was

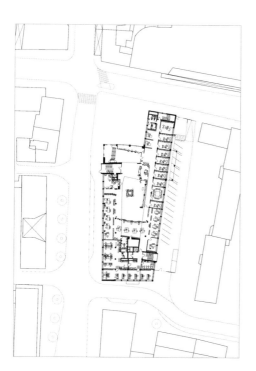

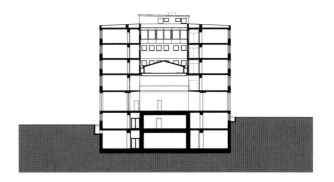

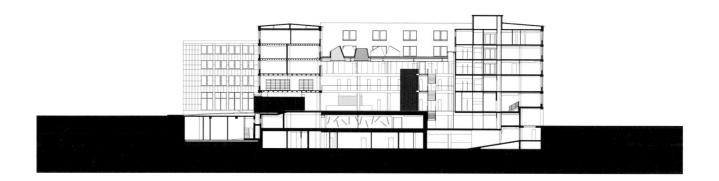

Schnitt nach Umbau

Section, post-conversion

›

Neue zentrale Treppenanlage

New central staircase

Licht und Luft für Bibliothekare und Leser hereinzulassen. Das frühere Satteldach der Halle wurde durch ein begehbares Flachdach ersetzt. Mit fünf mannshohen, innen mit warmen Farben gestrichenen Lichtkegeln kann die frühere Kassenhalle heute teilweise natürlich belichtet werden. Zu der großzügigen Wirkung des „Marktplatzes" trägt eine ganze Reihe von Gründen bei: zum einen, dass das erste und zweite Obergeschoss als Galerien ausgebildet sind, wobei das zweite mit Glaswänden von der Halle abgetrennt ist. Zum anderen die breite, durch kühl-weiße Leuchtstoffröhren unter den Stufen sehr leicht und grafisch wirkende Freitreppe, deren Zartheit durch das fragil wirkende Glasgeländer unterstrichen wird. Darüber hinaus wurde für die Treppe der Boden zum Souterrain geöffnet, so dass in diesem Bereich sogar ein viergeschossiger Luftraum entsteht. Und schließlich sind die Metallregale für die Bücher im rechten Winkel zu den Fenstern aufgestellt, was für zusätzliches Tageslicht sorgt.

Das Farbkonzept ist ein weiteres und das für die Orientierung der rund 3000 täglichen Besucher der Bibliothek wohl wichtigste Element der Raumwirkung. Es erinnert an das frühere Baudekor der Halle, setzt gleich diesem einzelne, mit kräftigen Farben untermalte Akzente an wichtigen Punkten und hält den übrigen Raum in

below the steps by cool white fluorescent tubes, whose delicacy is emphasised by the fragile-looking glass parapets. In addition, the floor to the basement was opened up for the steps, so that in this area a four-storey, airy space is created. And finally, the metal shelves on the box are set at right angles to the windows to provide additional daylight.

Another feature of great importance for helping the library's 3,000 visitors a day to find their way is the colour scheme. It is reminiscent of the previous architectural decoration of the hall, using strong colours at important points in the same way while keeping the rest of the room neutral white or grey. Services and information points, for example, are marked as cheerful yellow areas. The centre of the 'market place' is the new red 'reading tower', whose organic shape forms an additional contrast to the orthogonality of the remaining architecture and at the same time recalls the typical curved shapes of the original building date. The tower provides not only a place for private reading – it also functions as a shaft for the lift. Whereas its interiors are finished in complementary

neutralem Weiß oder Grau. Service- und Informationsangebote zum Beispiel werden als fröhlich-gelbe Farbflächen deutlich. Zentrum des Marktplatzes ist der eingestellte rote „Leseturm", dessen organische Gestalt einen zusätzlichen Kontrast zur Orthogonalität der übrigen Architektur bildet und gleichzeitig an die typischen geschwungenen Formen der Entstehungszeit des Gebäudes erinnert. Der Turm bietet nicht nur Rückzugsmöglichkeiten, sondern fungiert auch als Hülle für den Aufzug. Während dessen Innenflächen in der Komplementärfarbe Grün ausgekleidet sind, laden die weichen Lederpolster, verbunden mit dem warmen Orange der Turminnenwände, zum Schmökern und zum Die-Welt-Vergessen ein. Im sachlich-zurückhaltenden Weiß dagegen präsentieren sich die rund 200 Schreibtisch- und Fensterarbeitsplätze, die mit Steckdosen, LAN- bzw. W-LAN-Anschluss ausgestattet sind, sowie der zusätzliche Seminarraum. Eine ganz eigene Atmosphäre bietet das vorzugsweise an junge Leser gerichtete Souterrain, nun „Freestyle-Raum" genannt, in dem vor allem elektronische Medien wie DVDs oder PC-Spiele angeboten werden. Die frühere Tresoranlage – gut an der mächtigen, handspannenbreiten Stahltüre zu erkennen – wurde zum Seminarraum verwandelt. Insgesamt ist es gelungen, mit dem Farbkonzept, einer kultivierten Beleuchtungsstrategie, die zwischen Tages- und Kunstlicht, zwischen direktem und indirektem Licht wechselt, und der optimalen Ausnutzung der verschiedenen Raumzuschnitte des Bestandes ein höchst differenziertes Angebot von fein modulierten Raumstimmungen zu schaffen. So kann jeder Besucher je nach Bedürfnis einen ihm passenden Schreib-, Computer- oder Leseplatz finden.

Dass sich das Rot der Stadtbibliothek auf dem neuen Vordach und an der Decke des neuen Eingangs zum Vorplatz Ecke Hasen-/Töngesgasse findet, ist selbstverständlich. Statt des einstigen Flugdaches, das um die Ecke gedreht auf die Sparkasse verwies, repräsentiert nun ein breiter, ins Blockinnere versetzter Eingang mit edler schwarzer horizontaler Wandverkleidung und einer kleinen Freitreppe die öffentliche Nutzung des Gebäudes. Treppenhaus und Aufzug für die Bürobereiche in den oberen Stockwerken werden mit einem separaten Eingang erschlossen. Vom früheren Geldinstitut ist lediglich ein Geldautomat zwischen diesen Eingängen

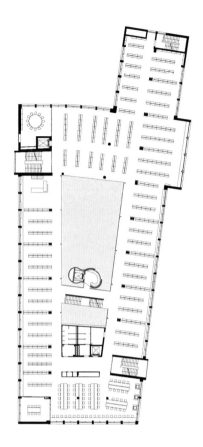

Grundriss 1. Obergeschoss nach Umbau
Post-conversion floor plan of 1st floor

›

Farbig gekennzeichnete Ausleihe und Informationsstelle
Colour-coded lending and information area

green, the soft leather upholstery, combined with the warm orange of the tower's interior walls, invite readers to bury their noses in a book and forget the world. In the meantime, the 200 desk and window workstations equipped with power points and LAN/W-LAN facilities are, like the additional seminar room, decorated in a cool, muted white. The basement, now called the Freestyle Room, is aimed mainly at young readers, and has an atmosphere all of its own, with facilities for electronic media such as DVDs and computer games. The one-time treasury, which is easily identified by the massively thick steel doors, has been transformed into a seminar room.

geblieben. Endlich als Raum erlebbar ist nun auch der neugestaltete Vorplatz, den der viergeschossige Ost-flügel zusammen mit dem Hauptbau bildet. Einst mit einer Grünfläche und zweifarbiger quadratischer Be-pflasterung ästhetischen Anspruch vermittelnd, hatte man ihn mehrfach verschlimmbessert, bis er zu einer toten Fläche verkam. Der zu Planungsbeginn von Sträuchern in Waschbetonbehältnissen umringte Tu-gendbrunnen – im 19. Jahrhundert vor dem Heiliggeist-spital in der Saalgasse stehend – wurde näher an die Straße gerückt und von drei Seiten mit Bänken umgeben, wobei diese die Hausfluchten aufnehmen. Entstanden

Overall, the colour scheme has made it possible to create a highly differentiated range of finely modulated spatial moods by means of a sophisticated lighting strategy that makes use of both daylight and artificial light, direct and indirect light, and through the optimal exploitation of the various room arrangements of the existing building. This enables all visitors to find a desk, computer station or reading place to suit their requirements.

It was a matter of course that the red of the city library should recur on the new canopy and roof of the entrance to the forecourt on the corner of Hasengasse and Töngesgasse. Instead of the former flying roof turning

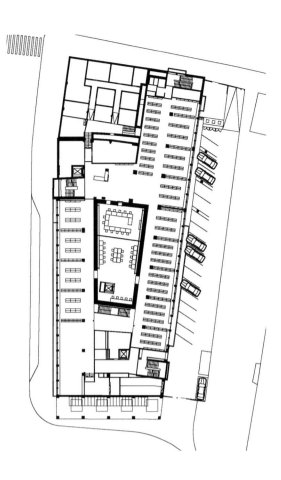

<
Lernzentrum im ehemaligen Haupttresor
**Learning centre in former principal safe-
deposit vault**

Grundriss Untergeschoss nach Umbau
Post-conversion floor plan of basement

ist ein „Platz", der, so Bürgermeisterin Jutta Ebeling schon beim Richtfest, „seinen Namen verdient"[5]. Zusätzlich belebt wird er durch die Gäste des Cafés, dessen Räume im Erdgeschoss des Ostflügels untergebracht sind.

Auch bei diesem Projekt wurden Schwächen korrigiert. Wahrscheinlich aus Materialmangel waren die Decken der einzelnen Geschosse völlig unterschiedlich ausge- bildet und wichen von den Plänen der Bestandsstatik ab. Unterschiedliche, meist sehr geringe Raumhöhen waren die Folge. Das Tragwerk wurde beim Umbau nicht an- getastet, mit abgehängten Decken konnte man aber einheitliche Raumhöhen schaffen. Für die Belüftung im sehr niedrigen ersten Obergeschoss wurde eine Sonder- lösung gefunden: Die komplette Technik befindet sich in der Decke über dem Erdgeschoss, der Raum darüber wird über Bodenauslässe belüftet. Die Fenster tauschte man lediglich im ersten Untergeschoss aus, der Son- nenschutz wurde dagegen an allen Fenstern erneuert.

the corner to draw attention to the Sparkasse, a wide entrance set back into the interior of the building with elegant, black, horizontal wall cladding and a low flight of steps now represents the public use of the building. The stairwell and lift for the office areas on the upper floors are accessed via a separate entrance. All that re- mains of the one-time bank is a cash machine between the two entrances. The forecourt formed by the main building and the four-storey east wing was also redesigned to make it a spatial experience in its own right. Once adorned with greenery and two-colour square paving, it had been 'disimproved' several times until it deteriorated into a dead space. When planning started, the fountain – formerly outside the Holy Spirit Hospital in Saalgasse in the 19th century – had been surrounded by shrubs in exposed aggregate containers. It was moved closer to the street and surrounded by benches on three sides, along the building lines. As Mayoress Jutta Ebeling said at the topping out ceremony, the space had at last merited the term 'platz'.[5] The square is also busy with visitors to the café accommodated on the ground floor of the east wing.

Again, weaknesses were corrected in this project as well. Probably caused by a shortage of materials, the ceilings of the individual floors were completely differ- ently formed, diverging from the structural engineering drawings of the building. The consequence was varying

Es ist die harte Arbeit am Detail, die den Gesamteindruck herstellt. „Halb so teuer, doppelt so gut", schrieb die *Frankfurter Allgemeine Zeitung* zur Eröffnung der neuen Zentralbibliothek.[6] Mit dem Umbau des alten Sparkassengebäudes ist zu vernünftigen Kosten ein Stück dringend benötigter Stadtreparatur in einem leider vernachlässigten Quartier entstanden, die eine breite Öffentlichkeit von den Vorzügen eines sonst verschmähten Bauerbes erfolgreich überzeugen kann.

1 Vgl. *Frankfurter Neue Presse* 2007; Göpfert 2007; Murr 2007; Schubert 2007 a und b; Riebsamen 2007 a und b.

2 Lerner 1958, S. 486–488.

3 Ebd., S. 488.

4 In die Mosaikwand hatte man Türen gebrochen, Anschlagslöcher getrieben und eine Ecke komplett beseitigt. Andere Teile wurden überspachtelt bzw. übermalt, außerdem die Mosaiken der Stützen vollständig zerstört. Vor der Revitalisierung wurde mit Mitarbeitern der städtischen Denkmalpflege die zerstörte Mosaikwand und Dekorreste an den Säulen untersucht. Aufgrund ihres bedauernswerten Zustandes entschloss man sich, den Bauschmuck nicht zu restaurieren, sondern ihn zu konservieren und mit einer Gipskartonverkleidung wieder zu verbergen.

5 Zitiert nach Michels 2006.

6 Riebsamen 2007 a.

ceiling heights, mostly too low. During the reconstruction, the load-bearing structure was not touched, but uniform ceiling heights were created with suspended ceilings. A special solution was found for the ventilation in the very low first floor, the entire technical installations being housed in the ceiling over the ground floor. The space above is ventilated via floor vents. Replacement windows were installed only on the first basement floor, but the sun screens were renovated on all windows. It is the hard work on the detail that produces the overall impression. "Half the price, twice as good," wrote the *Frankfurter Allgemeine Zeitung* when the new Central Library was opened.[6] With the conversion of the old Sparkasse building, a piece of urgently needed urban improvement was carried out at a reasonable cost in a regrettably neglected part of the city, so as to successfully convince a broad public of the benefits of an otherwise despised item of architectural heritage.

1 Cf. *Frankfurter Neue Presse* 2007; Göpfert 2007; Murr 2007; Schubert 2007 a and b; Riebsamen 2007 a and b

2 Lerner 1958, pp. 486–88

3 Op. cit. p. 488

4 Doorways had been cut and holes drilled into the mosaic wall, with one corner completely removed. Other parts were rendered or painted over, and the mosaics on the supports completely

<
Offene Erschließung der Bürobereiche
Open access of office areas

Marktplatz: Die zentrale Eingangshalle
Market place – central entrance hall

destroyed. Prior to revitalisation, the destroyed mosaic wall and remnants of the decorations on the columns were examined jointly with officers from the municipal conservation office. Because of their poor condition, it was decided not to restore the decoration but conserve it and cover it up again with plasterboard.

5 Quoted from Michels 2006
6 Riebsamen 2007 a

BAUHERR | CLIENT Steigenberger Consulting GmbH
BGF 19.000 m² | GFS 19,000 m²
BRI 60.000 m² | GV 60,000 m²
FERTIGSTELLUNG | COMPLETED 12/2000

ALTE NUTZUNG, NEUE BEDINGUNGEN
SAME USE, NEW CIRCUMSTANCES

ESPRIX-HOTEL, FRANKFURT AM MAIN (HEUTE INTERCITYHOTEL FRANKFURT)
ESPRIX HOTEL, FRANKFURT AM MAIN (NOW INTERCITY HOTEL, FRANKFURT)

‹

Eine differenzierte
Farbgebung wertet
das ehemalige
Air Force Hotel auf.

**The differentiated
colour scheme
enhances the former
Air Force Hotel**

Das revitalisierte, am 1. März 1999 eröffnete, später erweiterte Esprix-Hotel zwischen Flugfeld und Autobahn A 5 im Südwesten Frankfurts ist Kuriosität, Vorbote und Baustein einer künftigen Entwicklung zugleich. Eigentümlich, weil ein Ort, der einst für die Öffentlichkeit tabu war, heute ein öffentlicher Ort ist. Pionier, weil das Gebäude in einem ehemals militärisch, von den US-Streitkräften genutzten Areal eines der ersten war, das eine zivile Nutzung erfuhr. Baustein, weil das Hotel ein weiterer Teil der Expansion der Frankfurter Airportcity ist. Am Rande der weiträumig abgesperrten Rhein-Main-Airbase diente das um einen Innenhof angeordnete Ensemble schon der US-Airforce als Hotel. Anfang der 50er Jahre in Massivbauweise errichtet, bestand es aus drei, jeweils viergeschossigen Flügeln und einem zweigeschossigen Anbau. Zusammenschaltbare Zimmer standen ebenso zur Verfügung wie Waschräume, großzügige Aufenthaltsräume, Fitnessstudio, Sauna sowie Geschäfte und Restaurants. Neben 300 Hotelzimmern und einigen Büros gab es sogar einen Kindergarten. Nachdem die Airforce 1993 ihr Personal reduzierte, schloss sie 1997 auch das Militärhotel, worauf das Gebäude etwa anderthalb Jahre leer stand. Die Haustechnik funktionierte, die Gebäudesubstanz allerdings war angegriffen. Vor allem erfüllte sie in keiner Weise deutsche Vorschriften hinsichtlich des Brand-,

Opened on 1 March 1999, the revitalised, later extended Esprix Hotel between the airfield and Autobahn A5 in south-west Frankfurt is at once a curiosity, harbinger and building block in a future development. It is an oddity in that what was once a no-go zone for the public is now a public place. It was a pioneer in that the building in an area formerly used militarily by US forces was one of the first to go over to civil use. It is a building block because the hotel is one more element of the expansion of Frankfurt's Airport City.

Situated on the edge of the extensive prohibited zone of the Rhein-Main airbase, the complex arranged round an interior courtyard also served the US Air Force as a hotel. Constructed in the early 1950s as a solid structure, it consisted of three four-storey wings and a two-storey annexe. Interconnectable rooms were available, as were washrooms, spacious lounges, a fitness studio, sauna, shops and restaurants. Along with 300 hotel rooms and a number of offices, there was even a kindergarten. After the Air Force cut back its staff in 1993, it also closed the military hotel (in 1997), following which the building stood empty for about 18 months. The technical installations still worked, but the fabric of the building deteriorated. Above all, in no way did the building meet German regulations with regard to fire prevention, protection against noise or heat insulation.

Schall- oder Wärmeschutzes. Auf genau diese Bereiche wurde bei der realisierten Umplanung entsprechend großer Wert gelegt, auf größere konstruktive Eingriffe in den Bestand des knappen Budgets wegen verzichtet.

Zunächst beauftragte der neue Eigentümer – die Flughafengesellschaft (heute Fraport) – KSP Engel und Zimmermann mit einer Feasibility-Studie, später als Generalplaner. Die Hotelbereiche wurden bis auf die tragenden Außenmauern und die parallel dazu verlaufenden, statisch relevanten Flurwände komplett entkernt. Die vorgefertigten Sanitär- und Duscheinheiten baute man so ein, dass sich die Zimmereingänge im Hotelflur wie ein kleiner Trichter öffnen. Das Hotel erhielt eine komplett neue Haustechnik und eine Brandmeldeanlage. Die ursprünglich entlang der Fassade verlaufenden Balkone wurden abgebrochen, die Fenster verkleinert und mit schallmindernden, liegenden Kastenfenstern ersetzt. Der vom Vorgängerbau übernommene Rahmen um die nun dunkelgraue Fassade der drei Obergeschosse wurde mit weißem Anstrich optisch **prägnanter.** Ein Positiv-Negativ-Effekt macht dabei die neu gestaltete Fassade ansprechender. Die als Scharniere zwischen den Flügeln platzierten Treppenhäuser erhielten durch eine fast gebäudehoch verlaufende Wand aus F 90-Glasbausteinen eine optische Aufwertung.

Air Force-Hotel bei der Eröffnung
Air Force Hotel on opening day

›

Das neue Steigenberger Esprix-Hotel
The new Steigenberger Esprix Hotel

These were the particular areas on which great emphasis was placed when the conversion was carried out. Because of the tight budget, major structural interventions in the existing building were not envisaged.

The first step was that the new owner – the airport company (now Fraport) – commissioned KSP Engel und Zimmermann to do a feasibility study, and later to draft a general plan. The hotel areas were completely gutted down to the load-bearing external walls and the statically relevant corridor walls running parallel to them. Prefabricated sanitary and shower units were installed in such a way that the room entrances in the hotel corridors open like a small funnel. The hotel got a completely new set of technical installations and a fire alarm system. The balconies that previously ran along the façade were broken off, the windows were reduced in size and

Auffällig ist der neue ebenerdige Konferenzbereich im Innenhof, der einen ursprünglichen Anbau ersetzt. Scheinbar schwebend und mit einem roten Anstrich betont, verhalfen besonders die beiden vortretenden, mit den neuesten Errungenschaften der Medientechnik ausgestatteten Horseshoe-Säle dem Hotel zu neuen Gästen und zum zwischenzeitlichen Status als Außenstelle der Duke University, North Carolina. Neues Image, neue Gestaltung, neue Ausstattung – und eine Nutzung, die im Wesentlichen gleich blieb: Das Esprix-Hotel, seit 2005 unter dem Namen InterCityHotel firmierend, ist kein Konversions-Projekt im strengen Sinne, sondern eine Anpassung an völlig veränderte Bedingungen. Ursprünglich nur militärischem Personal offenstehend, findet heute ein internationales Publikum eine ebenso komfortable wie preiswerte Unterkunft und einen repräsentativen Ort für Tagungen und Konferenzen, die – sowohl stadt- als auch flughafennah – äußerst verkehrsgünstig gelegen ist.

replaced by sound-insulating, horizontal casement windows. The frame around the now dark grey façade of the three upper storeys taken over from the predecessor building was made visually more interesting with a coat of white paint. A positive-negative effect makes the redesigned façade more eye-catching. The stairwells between the wings act as hinges, and were likewise given a visual makeover with a wall of F90 glass blocks reaching almost the height of the building.

In the inner courtyard is a striking, new, ground-level conference area, replacing a previous annexe. Apparently floating and emphasised by a coating of bright red paint, the two projecting horseshoe rooms equipped with the latest media technology helped the hotel to get new guests and its interim status as an out-station of Duke University, North Carolina.

A new image, new design, new furnishings – and a use which has remained basically the same: the Esprix Hotel, which changed its name to the InterCity Hotel in 2005, is not a conversion project in the strict sense but an adaptation to completely different circumstances. Originally open only to military personnel, it now offers its international clientele well-appointed, good-value accommodation and a prestigious place for conferences and discussions that is excellently situated, being near both the airport and the city.

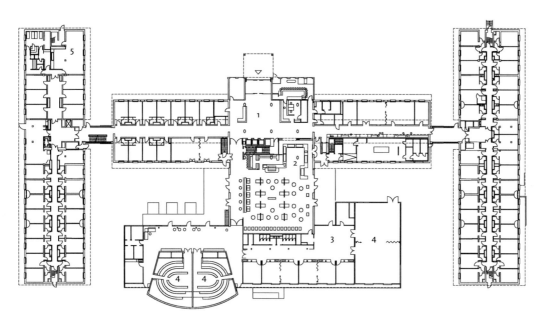

Grundriss nach Umbau und Erweiterung

Ground plan after conversion and extension

Schnitt nach Umbau

Cross-section after conversion

1	Empfang	**1**	**Reception**
2	Restaurant	**2**	**Restaurant**
3	Foyer Konferenz	**3**	**Conference lobby**
4	Konferenz	**4**	**Conference room**
5	Fitness	**5**	**Fitness room**

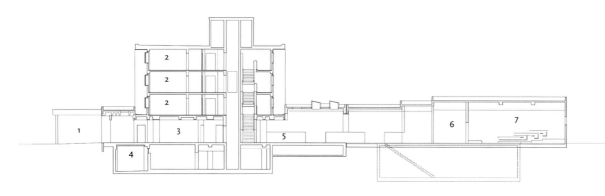

1	Vorfahrt	**1**	**Access**	Die Treppenhäuser erhalten durch gebäudehohe Wände
2	Zimmer	**2**	**Room**	aus Glasbausteinen mehr Licht.
3	Foyer Rezeption	**3**	**Reception lobby**	**The stairwells get more light with walls of glass blocks**
4	Anlieferung	**4**	**Delivery area**	**almost to roof height.**
5	Restaurant	**5**	**Restaurant**	
6	Foyer Konferenz	**6**	**Lobby Conference**	Horseshoe Säale
7	Konferenz	**7**	**Conference**	**Horseshoe rooms**

„DENKMALPFLEGER SIND BERATER UND ANWÄLTE DES BESTEHENDEN"
"CONSERVATION OFFICIALS ARE CONSULTANTS AND LAWYERS FOR THE EXISTING FABRIC"

EIN GESPRÄCH MIT ULRICH KRINGS, STADTKONSERVATOR KÖLN A. D.

A CONVERSATION WITH ULRICH KRINGS, CURATOR (RETIRED) AT THE COLOGNE CITY CONSERVATION OFFICE

Herr Dr. Krings, besteht in der Revitalisierung von Bestandsbüroimmobilien eine Chance für die städtische Denkmalpflege?
Für einen Denkmalpfleger ist Revitalisierung zunächst einmal ein neutraler Begriff. Revitalisierung kann positiv sein – wenn das Gebäude weitgehend erhalten wird. Sie kann auch negativ sein – wenn nicht mehr viel davon übrig bleibt. Die Gebäude aus den 50er Jahren bis in die 70er sind vom heutigen Denkmalverständnis her ein relativ junges Genre. Bei der Bevölkerung herrscht da leider immer noch wenig Verständnis, dass diese Objekte erhalten werden sollen. Des Denkmals wegen muss die Denkmalpflege das Interesse haben, dass das Bauwerk genutzt wird – sonst verfällt es. Aber eine Nutzung bedeutet meistens auch Veränderung. Wir sind ja hier gerade im Rheinauhafen. Das benachbarte Silogebäude von 1938 zum Beispiel, das im Erdgeschoss diese tiefen Trichter enthält, wird jetzt u. a. gastronomisch genutzt werden. Mit Erlaubnis der Denkmalpflege. Man muss sich da zusammensetzen und nach Lösungen suchen. Man muss die einzelnen Objekte untersuchen: Was ist wichtig bei diesem Gebäude? Was will der Investor? Was stellt sich der Architekt vor? Was kann finanziert werden? Beide Seiten müssen offen sein.

‹

Umbau und Erweiterung Gürzenich, Köln

Gürzenich conversion and extension, Cologne

Dr. Krings, does the revitalisation of existing office property mean an opportunity for urban conservation?
For conservation officials, revitalisation is in itself a neutral concept. Revitalisation can be positive, as long as a building is largely preserved. It can also be negative, if not much of it is left. In current conservation philosophy, buildings from the 50s to the 70s are a relatively young genre. Unfortunately, the public still doesn't fully appreciate that such properties need preserving at all. For the sake of the buildings involved, it's in the conservation office's interest that listed buildings be used, otherwise they deteriorate. But use also generally means change. We happen to be in Rheinauhafen harbour here. The silo building next door, for example, dates from 1938 and has a deep funnel on the ground floor, is now being used as a restaurant, among other things. With Conservation Office permission. You have to get together and look for solutions. You have to look at properties individually, and find out what's important about the building. What the investor wants. How the architect sees it. How it can be financed. Both sides have to be quite open.

New uses mean change. The Hochpforten Building was originally an office building, now it's residential.
That's a very good example. The building was always

Neue Nutzung bedeutet Veränderung: Das Hochpforten-haus war ursprünglich ein Bürogebäude, nun ist es ein Wohngebäude.

Das ist doch ein gutes Beispiel. Das Hochpfortenhaus war immer so ein Aschenputtel, das in einer abgehäng-ten Ecke der Hohen Straße vegetierte. Es ist aber an-dererseits für die Kölner Baugeschichte ein wichtiger Bau der Frühmoderne in der Folge des Disch-Hauses. Jetzt sieht das Hochpfortenhaus wieder prächtig aus und wird, weil es eine neue Nutzung erfährt, erhalten. Die Denkmalpflege stellt grundsätzlich das gesamte Gebäude unter Schutz. Sie sagt aber dann im Gutach-ten, welche Teile den Denkmalwert letztlich begründen. Die Fassade zum Beispiel oder wie beim Disch-Haus zusätzlich das wunderbare große Treppenhaus plus einem der wenigen erhaltenen Paternoster. Alles andere ist wie beim Hochpfortenhaus ein flexibler Stützen-bau, in dem Sie sämtliche Waben ändern können – selbst das Flursystem. Wenn die wesentlichen Bauteile entfernt würden, fällt der Denkmalschutz weg. Die Denkmalpfleger werden von der Gesellschaft bezahlt, dass sie sich für die Erhaltung der Denkmäler einset-zen. Verluste sind rückblickend normal, aber wenn sie über 50 Prozent gehen würden, dann halte ich es für katastrophal. Aber dass man nicht 100 Prozent retten kann, ist logisch.

Nun gab es ja in Köln reichlich Konflikte mit der Denkmal-pflege. Die generelle Höhenbegrenzung in der Kölner Innenstadt, wie sie das von Ihnen unterstützte Aktions-bündnis Stadtbaukultur vorschlägt, scheint mir auch konfliktträchtig.

Die Höhenbegrenzung im Bereich der Altstadt – ich meine das ganze Gebiet zwischen dem Rhein und „den Ringen", nicht nur die touristische Altstadt – und im Bereich der Nord-Süd-Fahrt ist im Moment in der Diskussion. Wir halten eine Firstlinienhöhe von rund 22,50 Meter für geboten. Eine Stadt wie Köln kann nicht einerseits rings um den Globus werben mit die-ser – ich nenne es mal so – „Ikone": dieses Stadtbild um Dom, Groß St. Martin, die anderen romanischen Kirchen und das Rathaus. Und dann andererseits den freien Himmel über dem Häusermeer, aus dem die mittelalterlichen Türme und die Doppeltürme des Domes heraus ragen, zubauen.

something of a Cinderella, vegetating in a corner of Hohe Strasse that had seen better days. But then again, it's an important building of early modernism for Cologne's architectural history, as a successor to the Disch Building. The building now looks splendid again and, because it's found a new use, is being preserved. Listing basically gives the whole building protection. The survey ultimately spells out which parts of the building justify the listing. The façade, for example, or, in the case of the Disch Building, the wonderful, big stairwell as well, plus one of the few surviving paternos-ter lifts. As with the Hochpforten Building, everything else is a flexible column construction, in which you can change all the internal cells – even the corridor system. If the essential part of the buildings were removed, the listing would cease to apply. Conservation officers are paid by society to try to preserve historic monuments. In retrospect, losses are normal, but if they exceeded 50 per cent I would consider it a catastrophe. But it stands to reason that we can't save 100 per cent.

Well, there's been lots of controversy in Cologne over conservation. The general restriction on heights in Cologne's city centre, as the Aktionsbündnis Stadtbaukultur alliance you support proposes, also seems to me a potential source of conflict.

The restrictions on height in the old city area – I mean the whole area between the Rhine and the Rings, not just the tourist old city – and around the north-south route, are currently being discussed. We consider a ridge line height of about 22.5 metres necessary. A city like Cologne can't promote itself around the globe with an iconic image of the city around the cathedral, Great St Martin's, the other Romanesque churches and the City Hall, and then go and develop into the open sky above

Die Begrenzung auf 22,50 Meter ist wahrscheinlich der kritische Punkt bei den Investoren?

Die Seitenschiffdächer des Domes haben exakt diese Höhe. Mit dieser Begrenzung rechnet sich das natürlich für Investoren anders. Das ist mir völlig klar. Nur, man kann nicht eben sonntags so reden und werktags so. Das heißt nicht, dass die gesamte Altstadt in Köln unter Schutz zu stellen ist. Da ist auch viel Schrott dabei. Man muss offen darüber diskutieren. Nehmen Sie das Hansahochhaus am Hansaring von 1924: eine Inkunabel der modernen Architektur mit sehr schönem Treppenhaus. Wie immer sind dann zeitbedingt die Treppengeländer zu niedrig. Also benötigt man eine Zusatzstruktur, setzt sensibel etwas darauf. Oder der Gürzenich. Die Auseinandersetzungen um den Umbau eines der wenigen erhaltenen gotischen Profanbauten Kölns gehören zu den schwersten Stunden meiner Amtszeit. Nachdem die Philharmonie eröffnet wurde, war der Gürzenich nicht mehr *der* Konzertsaal der Stadt, sondern nur noch Veranstaltungsort des Karnevals. Der Umbau zu einem Kongresszentrum, so wie von der Stadt und vom Betreiber gewollt, sah massive Eingriffe vor. Um das Gebäude zu bespielen, um eine vertikale Kommunikation herzustellen, sollte das großartige Treppenhaus aus den 50er Jahren fragmentiert werden – es wäre nur noch die gotische Hülle geblieben. Die oberste Denkmalbehörde in Düsseldorf drohte mit dem Entzug aller Geldmittel; der BDA und Maria Schwarz, die Witwe von Rudolf Schwarz, sowie Hans Schilling setzten sich für die Erhaltung des ursprünglichen Konzepts ein. In den Diskussionen mit den Architekten wurde dann die Lösung gefunden: die Erweiterung mit einer gläsern verkleideten Stahlkonstruktion, in der eine containergroße Liftgondel auf- und abfahren kann. Das ist eine ganz sensible denkmalpflegerische Arbeit des damaligen Büros KSP, die das ganze Innenleben des Gürzenich bewahrte. Das Umbaukonzept wurde um 180 Grad gedreht, aber bei der Eröffnung 1998 freuten sich alle.

Was erwarten Sie von einem Architekten, der mit dem Umbau eines denkmalgeschützten Gebäudes beauftragt ist?

Dass er sich mit dem Gebäude intensiv auseinandersetzt, mit seiner Geschichte, mit seinem ursprünglichen Konzept, seiner Konstruktion, seiner städtebaulichen Situation. Das Problem gerade bei Wettbewerben für

the sea of buildings, sticking out above the medieval towers and the double spires of the cathedral.

It's the restriction to 22.5 metres that's probably the critical factor with investors, isn't it?

That's exactly the height of the transept roofs of the cathedral. With that restriction, the numbers are quite different for investors, of course. I'm completely clear about that. Only you can't say one thing on Sunday and something different during the week. That doesn't mean that the whole old city of Cologne should be listed. There's a lot of rubbish in it. We have to talk honestly about it. Take the Hansa Building on the Hansaring dating from 1924 – an incunabula of modern architecture with a very fine stairwell. As always, the stair railings were too low at the time. So extra structure is necessary, something sensitive on top. Or take the Gürzenich. The controversy about converting one of the few surviving secular Gothic buildings in Cologne was among the most difficult periods in my time of office. After the Philharmonie opened, the Gürzenich was no longer the main concert hall for the city, but only the venue for the carnival. Conversion into a conference centre, as the city and the operator wanted, envisaged massive interventions. To make full use of the building and establish vertical communication, the magnificent 50s' stairwell would have been chopped up, leaving only the Gothic shell. The top conservation people in Düsseldorf threatened to withdraw all funds; the BDA and Rudolf Schwarz's widow, Maria, and Hans Schilling supported the retention of the original scheme. The solution came about in discussions with the architects: an extension with a glazed, cladded steel structure in which a container-size lift gondola could go up and down. That was a very sensitive piece of conservation at the time by the KSP office – it preserved the whole interior life of the Gürzenich. And the conversion scheme was turned round 180 degrees – but when it opened in 1998, everyone was delighted.

What do you expect of architects who are commissioned to do conversions of listed buildings?

That they should really get to know the buildings, their history, the original concept, the structure, the situation within the city landscape. The problem particularly in competitions for major prestigious projects is that the

prestigebeladene Großprojekte ist, dass die internationale Architektenelite eingeladen wird, die sich, wenn überhaupt, mal einen Nachmittag an den Standort des Geschehens begibt. Dann werden Entwürfe abgegeben, die auch in Shanghai oder Singapur gebaut werden könnten. Wie sich ein Denkmalpfleger nicht in einen Elfenbeinturm zurückziehen darf, so müssen sich auch Architekten, die sich um einen Auftrag bemühen oder schon ausgewählt sind, mit dem Bau intensiv auseinandersetzen. Dann findet man immer einen Ansatzpunkt zur Diskussion und dann ist es zu einem hohen Grade garantiert, dass man zu einvernehmlichen Lösungen kommt – es sei denn, der Eigentümer ist beratungsresistent.

Nun stehen ja auch einige Denkmalpfleger bei den Architekten im Ruf, beratungsresistent zu sein – eher Denkmalverweser anstatt Denkmalentwickler.
Gerade in der Mitte des 20. Jahrhunderts gab es die sog. schöpferische Denkmalpflege. Retrospektiv gesehen waren einige dieser Denkmalpfleger verhinderte Architekten, die irgendwann mal in die Behörde gekommen waren, aber am liebsten selbst gerne entworfen hätten. Da hat also der beamtete Denkmalpfleger den Stift geführt. Aufgrund dieser Erfahrung folgte die Denkmalpflege seit den 70er, 80er Jahren des vergangenen Jahrhunderts der Maxime, nicht selbst zu entwerfen, sondern diese Tätigkeit den zeitgenössischen Architekten zu überlassen. Heute sind die Denkmalpfleger eher Berater und Anwälte des Bestehenden.

Das Bauen im Bestand gewinnt immer größere Bedeutung. Warum sollte es nicht möglich sein, neue „Denkmäler" in diesem Bereich zu errichten? Heißt das nicht auch, dass sich Denkmalpfleger über die aktuelle Architekturszene informieren sollten?
Wie ein Mediziner, der sich über die Entwicklungen in der Forschung und im therapeutischen Sektor auf dem Laufenden halten muss, muss auch ein Denkmalpfleger immer seine Kenntnisse auf dem Laufenden halten. Und dazu gehört auch, die aktuelle Szene so weit wie möglich im Auge zu behalten. Ich habe mich immer bemüht, zu den Veranstaltungen des BDA zu gehen, und ich habe regelmäßig einschlägige Zeitschriften wie die *Bauwelt* gelesen. Als Denkmalpfleger habe ich natürlich die Aufgabe, genau so, wie ich mir von Architekten

international architectural elite are invited, and if they come at all they spend at most an afternoon where it's all to happen. They then submit designs that could just as well be built in Shanghai or Singapore. Just as conservationists shouldn't retreat to an ivory tower, so architects who are competing or who have already been selected for a commission should really get to know the buildings. That way we always find something to start the discussion, and then we're more or less guaranteed to find joint solutions – unless, of course, the owner is deaf to advice.

Well, some conservationists also have a reputation among architects of being deaf to advice – of being more historic building administrators than developers. In the mid-20th century, there was what people called 'creative conservation'. Seen in retrospect, some of the conservation officials involved were would-be architects who had at some point ended up in the Conservation Office but would have preferred to be designers themselves. So the conservation officials were wielding the pencil then. Because of this experience, the Conservation Office has, since the 70s and 80s, followed the principle of not doing designs itself but leaving that side to contemporary architects. These days, conservation officials tend to be consultants and lawyers for the existing fabric.

Refurbishing existing buildings is becoming more and more important. Why shouldn't it be possible to erect new 'historic monuments' in this field? Doesn't that also mean that conservation officials need to keep in touch with the current architectural scene?
Like doctors, who have to keep up to date about developments in research and treatment, conservation officials, too, must always keep their knowledge up to date. And part of that is to keep up with the current scene as far as possible. I always try to go to BDA events, and I regularly read relevant periodicals, such as *Bauwelt*. Just as I expect architects to show sensitivity to old buildings, my duty as a conservation official is, of course, to try to understand modern architecture, the interests of clients and architects' ideas. That applies to developments in office buildings as much as in residential buildings. And the end product is – if it's successful and interests are fairly balanced – not an easy compromise but a good

Sensibilität für den Bestand wünsche, mich um ein Verständnis für die Moderne zu bemühen – für die Interessen des Bauherrn, für die Vorstellungen des Architekten. Für die Entwicklungen im Bürobau ebenso wie für die im Wohnungsbau. Das Endprodukt ist – wenn es geglückt ist, wenn die Interessen fair austariert sind – kein fauler Kompromiss, sondern ein guter Kompromiss. Allgemein: Eine Gesellschaft besteht immer aus aktiveren und eher retardierenden Elementen. Die modernen Gesellschaften Europas und Amerikas haben seit dem 19. Jahrhundert den Aspekt der Historizität und des Schutzes des baulichen Erbes als kulturellen Wert definiert. Das ist ein Produkt des Epochenbruchs um 1800. Solange diese Gesellschaften das bauliche Erbe als Wert sehen und dafür auch Fachleute bezahlen und installieren, müssen diese die Möglichkeit haben, Einfluss zu nehmen. Alle Interessen zu einem Ausgleich zu bringen, zu erkennen und zu betonen, dass die Historizität bestehender Strukturen den gleichen Wert hat wie die Modernität und die Funktionalität, das ist die Aufgabe – nur muss dazu eine Waffengleichheit vorhanden sein.

Herr Dr. Krings, wir danken für dieses Gespräch.

Das Gespräch mit Ulrich Krings wurde am 9. März 2007 in den Räumen von KSP Engel und Zimmermann in Köln von Enrico Santifaller und Anke Wünschmann geführt.

compromise. In general, society always consists of more active and more obstructive elements. The modern societies of Europe and America have defined the historic aspect and the protection of the architectural heritage as a cultural value since the 19th century. That's a product of the change to the modern era around 1800. As long as these societies see our architectural heritage as a value and pay experts and install them in office, those experts must have the possibility of exercising influence. The task is to balance out all interests and to recognise and emphasise that the historic value of existing structures is of equal value to modernity and functionality – only for that to happen, there has to be equality of arsenals beforehand.

Thank you for the conversation, Dr. Krings.

The conversation between Ulrich Krings and Enrico Santifaller and Anke Wünschmann was held at the office of KSP Engel und Zimmermann in Cologne on 9 March 2007.

MAN MUSS DIE SPUREN DES ALTERS NICHT MEHR VERLEUGNEN
THE TRACES OF AGE DON'T HAVE TO BE DENIED ANY MORE

EIN GESPRÄCH MIT DIETER BARTETZKO, *FRANKFURTER ALLGEMEINE ZEITUNG*
A CONVERSATION WITH DIETER BARTETZKO, *FRANKFURTER ALLGEMEINE ZEITUNG*

Die Architektur hat sich in ihrer ganzen Geschichte mit dem baulichen Erbe auseinandergesetzt. Wie ist vor diesem Hintergrund Revitalisierung zu werten?
Ich denke, dass das Wort Revitalisierung ja in sich schon den Bezug auf die Geschichte und auf das historische Beispiel trägt. Jeder Versuch der Wiederbelebung von Städten folgt einem historischen Vorbild – einer Vorstellung von einer funktionierenden, menschenwürdigen Stadt und lebendigen Stadtvierteln. Es bezieht sich immer auf etwas Gewesenes, das in manchen Dingen besser war als die Gegenwart. Jeder Hausbesitzer, der einen Altbau kauft, wird feststellen, dass immer dann, wenn man das Haus in seinen Ursprungszustand zurückführt, es am besten funktioniert. Das gilt auch für die Bauten der 50er und 60er Jahre. Zum anderen haben wir die Gewähr, dass Architekten, die in diesen Jahren tätig waren, sich an der Tradition abgearbeitet haben. Das heißt, sie mussten sich mit noch vorhandenen Strukturen, die Jahrhunderte lang funktioniert haben, auseinandersetzen. Das ist eine Basis für Umnutzung und Revitalisierung, die durch keinen Neubau zu ersetzen wäre. Schlicht und einfach: Architektur als gewordene Erfahrung von Geschichtlichkeit, von Kontinuität, von längerfristigem Nutzen.

Throughout its history, architecture has always had to take its historical heritage into account. How should revitalisation be rated in this context?
I think that the word revitalisation inherently implies a reference to history and historical examples. Every attempt to revive cities follows a historical example – an idea of a decent, functioning city and bustling neighbourhoods. It relates always to something that has been, and was, indeed, in many respects better than the present. Any property owner who has bought an old building will confirm that it functions best when the building is restored to its original condition. That also applies to buildings of the 50s and 60s. On the other hand, we do at least know that architects who were active in those years had a run-in with tradition, that is to say, they had to get to grips with existing structures that had functioned for centuries. That's the basis for conversion and revitalisation, which no new buildings can replace. Put short and simply, it's about architecture as a tangible experience of the historical process, continuity and longer-term use.

In the post-war period, office buildings were based on classic modernism. What can architects learn when they're updating these buildings?
I can only draw attention to architectural history. Hardly any great buildings of the past came from nowhere; they

In der Nachkriegszeit wurden Bürogebäude von den Architekten in Anlehnung an die Klassische Moderne konzipiert. Was können Architekten lernen, wenn sie diese Gebäude ertüchtigen?

Ich kann nur auf die Baugeschichte verweisen: Fast alle großartigen Bauwerke der Vergangenheit sind nicht aus dem Nichts entstanden, sondern fast durchweg in der Auseinandersetzung mit dem bereits Vorhandenen. Und oft genug sogar durch dessen Weiterbau und Umbau. Oft ist dadurch die großartige Leistung erst zustande gekommen. Als Gegenbeispiel gibt es etwa das Mannheimer Schloss, eine herrliche, teilweise grandiose Anlage. Aber auch eine Architektur, die wirklich aus dem Nichts entstand, und der man es auch ansieht – weil sie in ihrer Größe zur Monotonie neigt. Selbst da, wo vordergründig die Revitalisierung neu und spektakulär erscheint – etwa die radikale Umnutzung von Bürohochhäusern zu Wohnhochhäusern –, können wir Erfahrungen nutzen. Auch Erfahrungen aus anderen Ländern. Wenn man diese Erfahrungen aktiviert und bei den Planungen übernimmt – beispielsweise in Frankfurt, wo man leer stehende Bürohochhäuser umrüsten und revitalisieren will –, fährt man besser als mit einem Ansatz, der sagt, ich werde jetzt als erster ein Wohnhochhaus bauen. Also die Welt neu erfinden. Wir haben so viele Misserfolge mit diesem „Die-Welt-neu-Erfinden" in den vergangenen Jahrzehnten erlebt.

Das heißt doch, dass Revitalisierungen die Gelegenheit bieten, die Kontinuität unserer Stadtbilder zu erhalten und, sofern sie einigermaßen gelingen, ihre Qualität zu erhöhen?

Ein Beispiel dazu: Mitte der 90er Jahre wurde ein Bürogebäude an der Eschenheimer Landstraße in Frankfurt umgebaut. Aus einem wirklich gähnend öden und banalen Betonklotz wurde durch sorgfältige Materialwahl eines der aufregendsten Gebäude der jüngeren Geschichte Frankfurts. Wenn die Immobilienwirtschaft jetzt die Revitalisierung entdeckt, könnte darin allerdings wegen der Renditeansprüche die Gefahr der Banalisierung entstehen. Trotzdem vertraue ich darauf, dass qualitätvolle Bauten so viel gute Substanz bewahren, dass es immer noch ein Gewinn ist, sie zu revitalisieren, anstatt sie abzureißen und durch banale Neubauten zu ersetzen.

were almost without exception a response to what already existed – and often enough, in fact, to their extension and renovation. Frequently, that was precisely what made the end result so good. As a counter-example, you could, for instance, mention the palace at Mannheim, a splendid and, in parts, grand building. But also in a style that really came from nowhere, and shows it – because its size makes it tend towards monotony. Even where revitalisation superficially looks new and spectacular – for example, the radical conversion of office blocks into residential buildings – we can make use of experience. Experience from other countries as well. If we activate those experiences and adopt them in planning – for example, in Frankfurt, where empty high-rise office blocks are being converted and revitalised – we do better than with an approach that says, I'm going to be the first to build a high-rise residential building. Reinventing the wheel, in fact. We've had so many failures with this 'reinventing the wheel' in the past decades.

But that surely means that revitalisation offers a chance to preserve the continuity of our urban landscape and, provided they're more or less successful, to enhance its quality?

Here's an example of this: in the mid-90s, an office building in Eschenheimer Landstrasse in Frankfurt was given a makeover. With the careful choice of materials, a really excruciatingly awful, banal chunk of concrete was turned into one of the most exciting buildings in Frankfurt's recent history. If the property business is now discovering revitalisation, demands for yields could, of course, bring the risk of banalisation. Nonetheless, I'm confident that quality buildings preserve so much good fabric that there's still a profit to be made in revitalising them rather than demolishing them and replacing them with banal new buildings.

Wo sollten Architekten ansetzen, wenn sie ein Gebäude revitalisieren?

Die Erfahrung zeigt, je näher man sich dem Ursprungs-zustand annähert, desto besser können die Gebäude werden. Gerade beim Beispiel „Bienenkorbhaus" hat man ja gesehen, was ein Umbau – dieser nach dem Brand Anfang der 70er Jahre – verderben konnte. Das architektonische Konzept des Gebäudes wurde einfach nicht wahrgenommen. Man hat ihm eine Alu-Bauch-binde umgewickelt und zu einem Raumschiff Orion verwandelt. Deswegen: Revitalisieren erfordert eine hohe Sensibilität der Architekten und einen großen Respekt vor dem Ursprungsbau. Also zurücknehmen, anstatt zu sagen: „Jetzt präge ich dem Bau auch noch mein Siegel auf." Ich kann beispielsweise aus einem großen Fabrikgebäude ohne weiteres eine wunderbare Ansammlung von Lofts machen. Und dieses wohnt den Bauten einfach als Qualität inne und setzt sich auch fort in einer neuen Nutzung.

Parallel zum drohenden demografischen Wandel wird das Altern auch in der Architektur entdeckt. Könnte man auch die Revitalisierung darunter subsumieren?

Zunächst einmal gab es in vielen Milieus innerhalb der deutschen Gesellschaft – vor allem in der zweiten Hälfte des 20. Jahrhunderts – einen Neuheitswahn. Nach dieser kopflosen Phase des „Wir-wollen-nichts-Altes" ist aber dann in der Bundesrepublik eben das Alter als Wert wiederentdeckt worden. In jüngster Zeit verspricht die Kosmetikwerbung nicht mehr, dass man, so man ihre Produkte konsumiert, jünger aussieht. Sie spricht nicht mehr von „gegen das Alter", sondern „für das Alter". Man will das Beste daraus machen, aber sich nicht mehr verjüngen, die Zeit zurückdrehen. „Jetzt sind meine besten Jahre", sagt Jane Fonda mit siebzig. Das Revitalisieren stellt einen Reflex in diese Richtung dar. Alter, die Spuren, die Erfahrungen, auch die Narben, das muss man nicht mehr verleugnen – auch nicht in der Architektur.

Herr Dr. Bartetzko, herzlichen Dank für dieses Gespräch.

Das Gespräch mit Dieter Bartetzko wurde von Enrico Santifaller und Anke Wünschmann am 29. März 2007 in den Redaktions-räumen der *Frankfurter Allgemeine Zeitung* geführt.

Where should architects start revitalising a building?
Experience shows that the closer you get to the original condition, the better the building can be. In the case of the Bienenkorbhaus we saw how conversion – after a fire in the early 70s – could ruin things. The architectural concept of the building went unnoticed. They wrapped an aluminium cummerbund around it and transformed it into the Spaceship *Orion*. Revitalisation requires high sensitivity from the architect and great respect for the original building, namely, undoing, instead of saying: "I'm now going to leave my mark on this building." I can, for example, make a wonderful collection of lofts from a large factory without further ado. This is an inherent quality in the building which remains intact in its new utilisation.

Parallel to the imminent threat of demographic change, ageing has turned out to be a problem in architecture as well. Could revitalisation be subsumed under this heading?
To start with, there was in many parts of German society – especially in the second half of the 20th century – an obsession with the new. After that mindless phase of "We want nothing old", age in particular was rediscovered as a value in the Federal Republic. Nowadays, cosmetic ads no longer promise to make you look younger. They don't talk of being 'anti-ageing', but of being 'for old age'. The aim is to make the best of things, not to turn the clock back and make you young. "These are my best years," says Jane Fonda at 70. Revitalisation constitutes a nod in the same direction. Age and its traces, experience, even scars no longer have to be denied – not even in architecture.

Thank you for the conversation, Dr. Bartetzko.

Enrico Santifaller and Anke Wünschmann talked to Dieter Bartetzko at the *Frankfurter Allgemeine Zeitung* offices on 29 March 2007.

PROJEKTE III
PROJECTS III

BAUHERR Bundesrepublik Deutschland, vertreten durch BMVBW durch das BBR

CLIENT BMVBW via the BBR on behalf of the German federal government

BGF 43.000 m² | GFS 43,000 m²

BRI 207.319 m² | GV 207,319 m²

WETTBEWERB 12/1995, 1. Preis | COMPETITION 12/1995, 1st prize

FERTIGSTELLUNG | COMPLETED 2001

AUSZEICHNUNG 2. Bundesdeutscher Architekturpreis Putz, 2. Preis

AWARDED 2nd prize, 2nd Federal Architecture Prize for outstanding plaster work

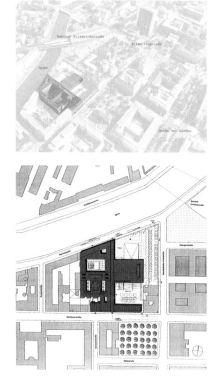

EIN KESSEL BUNTES IN BERLIN MITTE
A REVITALISED HODGE-PODGE IN THE HEART OF BERLIN

PRESSE- UND INFORMATIONSAMT DER BUNDESREGIERUNG, BERLIN

THE FEDERAL GOVERNMENT'S PRESS AND INFORMATION OFFICE, BERLIN

‹

Das neu geschaffene Ensemble des Presse- und Informationsamtes der Bundesregierung besteht aus verschiedenen Bauepochen

The newly created ensemble of the Government Press and Information Office comprises buildings of different periods.

Lageplan

Local area and site plans

Die Revitalisierung eines äußerst heterogenen Konglomerates aus mehreren Bauten völlig unterschiedlicher Entstehungszeiten, völlig unterschiedlicher Eigenschaften und völlig unterschiedlicher Architektursprachen zum Presse- und Informationsamt war komplex. Nicht nur weil alle sonstigen Anforderungen einer solchen Maßnahme zu erfüllen waren, sondern weil – anders als bei einer Gewerbeimmobilie – jede bauliche, jede ästhetische Entscheidung Gefahr läuft, als politische Äußerung gewertet zu werden.[1] Der Block zwischen Dorotheenstraße, Reichstagsufer und Neustädtischer Kirchstraße bildet gleichsam das östliche Ende des „Bands des Bundes", jener städtebaulichen Figur, welche die wichtigsten Regierungsbauten in einer linearen Anordnung quer über den Spreebogen versammelt. Das realisierte Ensemble des Presse- und Informationsamtes kann als informeller Versuch betrachtet werden, dieses Band abzurunden und mit der Stadt zu verzahnen. Schließlich ist es ja Bestimmung dieser Behörde, die direkt der Bundeskanzlerin untersteht, den Abstand zwischen Volk und seinen gewählten Vertretern zu verkürzen und darüber hinaus Raum zur persönlichen Begegnung – etwa bei der Betreuung von Besuchergruppen einzelner Abgeordneter – zu geben.

The revitalisation of a highly heterogeneous conglomeration of several buildings of completely different dates, with completely different characteristics and built in completely different architectural styles to make a Press and Information Office was a complex matter. Not just because all the usual requirements of such a scheme had to be fulfilled but because – unlike a commercial property – any structural or aesthetic decision runs the risk of being taken as a political statement.[1] The block between Dorotheenstrasse, Reichstagsufer and Neustädtische Kirchstrasse forms, as it were, the eastern end of the 'federal strip', the urban development figure that bundles together the most important government buildings in a linear arrangement across the Spree Bend. The ensemble of the Press and Information Office as developed can be considered an informal attempt to round off this strip and intermesh it with the city. After all, it is the function of the Press Office, which reports directly to the Federal Chancellor, to reduce the gap between the country and its elected representatives and, in addition, to provide room for personal encounters – for example, in the handling of visiting groups of individual parliamentarians.

THE EXISTING SET-UP

One reason why KSP Engel & Zimmermann's design won the top prize in the European tendering competition

145

 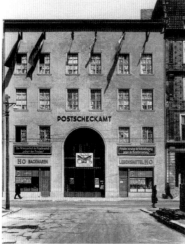 

Kopfbau der Markthalle, um 1910
Front of the market hall, c. 1910

Postscheckamt, um 1960
Postal Cheque Office, c. 1960

Historisierender Plattenbau als Verwaltungsgebäude
eines DDR-Ministeriums
**Prefabricated East German government office with
historicising details**

›
Neues Ensemble des Presse- und Informationsamtes
New ensemble of the Press and Information Office

BESTAND

Ein Grund, weshalb der Entwurf von KSP Engel und
Zimmermann beim europaweit ausgeschriebenen Aus-
wahlverfahren den 1. Preis errang, war neben zahlreichen
technischen Vorzügen das Konzept, die Altbauten in
ihrer teilweise sehr ausgeprägten Individualität zu erhalten und mit ergänzenden Neubauten zu einer neuen
funktionalen Einheit zu formen. Nichts sollte nivelliert
werden, die Geschichte indes ablesbar sein. Und davon
gibt es reichlich. Etwa die 1884 fertig gestellte Markthalle IV an der Dorotheenstraße. Die Halle, eine einfache
Eisen-Glas-Konstruktion wurde bereits 1913 wieder abgerissen, nur der Kopfbau, mit Friesen, Gesimsen und
Reliefs verziert, blieb stehen. Zu DDR-Zeiten, wahrscheinlich schon in den 50er Jahren, wurden diese
Ornamente teils abgeschlagen und teils unter einer
dicken Putzschicht verborgen.

Den weit weniger aufwändigen Fassadenschmuck des
benachbarten ehemaligen Hotels „Prinz Heinrich" be-
ließ man dagegen. Ebenso das dahinter liegende, nach
den Plänen des Regierungsbaumeisters Alfred Lempp
im Jahre 1917 errichtete Postscheckamt.[2] Lempp hatte
das Gebäude schon 1923 erweitert, so dass das Ensemble
mit seinen zahlreichen Flügeln und Innenhöfen schließlich den ganzen Block bis zum Spreeufer einnahm.[3]

was, along with numerous technical benefits, the idea of
preserving the existing buildings and their (in some cases,
very marked) individuality and shaping them into a new
functional unity with the addition of supplementary
new buildings. Differences were not to be ironed out;
history was to remain readable – and there's plenty of it,
for example, Market Hall IV in Dorotheenstrasse, built
in 1884. The hall, a simple iron-and-glass structure, was
already demolished by 1913, leaving only the front building
decorated with friezes, cornices and reliefs. During the

Auch zwei, zu DDR-Zeiten entstandene Zweckbauten waren einzubeziehen. Bei dem einen handelte es sich um einen nach den Plänen von Heinz Mehlan und Harry Reichert 1965 erbauten Gaststätten-Pavillon – im Volksmund als „Fresswürfel" bekannt. Das andere Gebäude war ein 1989 fertig gestellter Plattenbau des Typs WBS 70, dessen gelb-bleiche Straßenfassade historisierend-nostalgische Ornament-Applikationen aufwies. Insgesamt umfasste das architektonische Gemenge auf dem BPA-Areal vor dem Umbau acht Parzellen, vier Kopfbauten, zehn Flügel, einen Solitär, 700 Zimmer und 43 000 Quadratmeter: ein „Kessel Buntes" in einem „Kessel Buntem".

STÄDTEBAU UND NEUBAUTEN

Eine der wesentlichsten Entscheidungen war, die überkommene städtebauliche Komposition zu übernehmen. Man entschied sich, den Block zu erhalten und ihn mit einer über seine ganze Tiefe reichenden Giebelwand zu ergänzen. Zugleich sollte der „Fresswürfel" zwar abgerissen werden, als niedriger Solitär gleichsam wieder auferstehen und mit einer prächtigen, bis zum Spreeufer reichenden Rampe als öffentliches Besucherzentrum inszeniert werden. Der Pavillon gliedert das Grundstück in zwei Höfe: einen Innenhof Richtung Dorotheenstraße, in dem eine Säule an Andreas

Communist years, probably in the 1950s, parts of these ornaments were hacked off or covered beneath a thick layer of plaster.

The far less lavish façade decoration of the neighbouring building, the former Prinz Heinrich Hotel, was left intact. Likewise, the Postal Cheque Office, constructed to plans by government architect Alfred Lempp in 1917.[2] Lempp extended the building in 1923, so that the ensemble with its numerous wings and interior courtyards included the whole block to the Spree embankment.[3] Even two utilitarian buildings from East German days were to be included. One was a catering establishment built to plans by Heinz Mehlan and Harry Reichert in 1965, popularly known as the Fresswürfel (Grub Cube). The other building was a WBS 70 type of prefabricated concrete job completed in 1989, whose pale yellow street façade displayed nostalgic reproduction ornamental appliqués. In all, the architectural hodge-podge on the Press Office site prior to conversion comprised eight plots, four front buildings, ten wings, one detached building, 700 rooms and 43,000 m² – as jumbled a mixture as you can get.

URBAN DEVELOPMENT AND NEW BUILDINGS

One of the most important decisions was to take over the outdated layout of the site as an urban development. It was decided to preserve the block, adding a gable wall

Schlüters prächtige Barockvilla Kamecke erinnert und
wo heute die Politiker vorfahren. Zur Spree hin zeigt
sich ein mit Naturstein belegter Vorplatz, dessen zum
Reichstagsufer gelegene Bänke Spaziergängern eine
willkommene Rastgelegenheit bieten.

Den historischen Gebäuden erweisen die Neubauten
durch Zurückhaltung Referenz und doch zeigen sowohl
das kubische Besucherzentrum als auch die fünfgeschos-
sige Giebelwand selbstbewusst ihre Entstehungszeit.
Beide verbinden Glas mit Naturstein, während aber die
großen Fenster im Besucherzentrum symbolisch für
Offenheit und Transparenz stehen, haben die dunklen
Glaslamellen der Giebelwand eine klima- und licht-
technische Funktion. Der Stein der Fassade ist der gleiche
wie auf dem Vorplatz und dem Fußboden des Besucher-
würfels, ein Muschelkalk aus Oberdorla. Als Mittelpunkt
des Kubus wurde ein Konferenzzentrum eingestellt, das
man je nach Bedarf in maximal sechs Kompartimente
teilen kann. Schaltet man alle mit aufwändigster Technik
ausgestatteten Räume zu einem Saal zusammen, können
Pressekonferenzen für rund 360 Journalisten abgehalten
werden. Neben der Box, die wie ein Haus im Haus vollständig umschritten werden kann, befindet sich ein
ebenfalls eingestelltes, komplett ausgestattetes Fern-
sehstudio sowie weitere Räume für Journalisten. Das

Besucherzentrum
Visitors' Centre

›
Detail Medienfassade
Detail of the media façade

over its whole depth. At the same time, the Grub Cube
would be demolished, only to be immediately resurrected
as a low, detached building functioning as a public
Visitors' Centre with a splendid ramp extending to the
bank of the Spree. The pavilion divides the site into two
courtyards. Facing Dorotheenstrasse is an interior
courtyard, in which a column recalls Andreas Schlüter's
splendid Baroque Villa Kamecke, now the haunt of
politicians. On the Spree side, there is an open area with
benches facing the Reichstag Embankment, providing
a welcome opportunity to relax in the fresh air.

The style of the new buildings is discreet, as a
courtesy to the historic buildings, and yet both the cubic
Visitors' Centre and the five-storey gable wall are confident statements in a contemporary style. Both combine

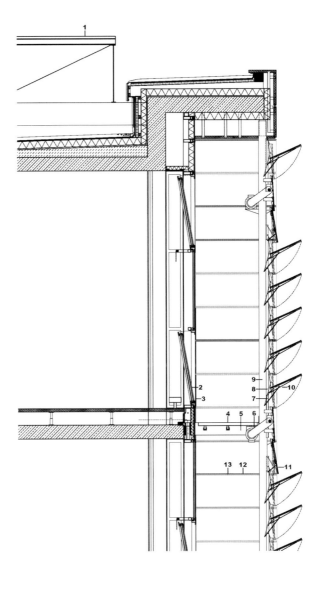

Detail Giebelwandbebauung

1 Hochleistungsvakuumröhrenkollektoren

2 Mehrscheiben-Isolierverglassung

3 Stahlprofil als beheizte Fassade
  thermisch getrennt vom Aluminiumfassadenprofil

4 Gitterrost

5 Schwert

6 Elektrischer Fassadenantrieb computergesteuert

7 Zahnstange

8 Schubstange

9 Pfosten

10 Glashalter

11 Verbundsicherheitsglas

12 Natursteinverkleidung Thüringer Muschelkalk

13 Edelstahlprofil

14 Phonstop-Verglasung, Innenflächen
   mit Folie beklebt

Detail of end wall construction

1 High-performance vacuum tube commutator

2 Laminated insulation glazing

3 Steel profile as heated façade
  thermally separated from aluminium façade profile

4 Grid system

5 Bracing

6 Computer-controlled electrical façade actuator

7 Rack

8 Connecting rod

9 Post

10 Glass holder

11 Laminated safety glass

12 Natural stone cladding of Thuringian shell limestone

13 Stainless steel profile

14 Phonshop glazing, inner surfaces lined with foil

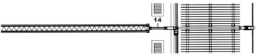

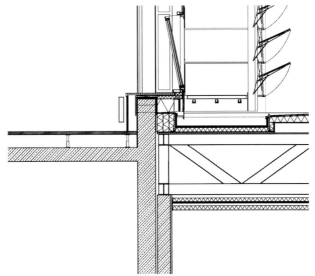

0 m   2m   4 m

Interieur ist nüchtern gehalten. Demokratie ist vor allem Arbeit, nur manchmal Repräsentation – das ist die Botschaft des Besucherzentrums.

Entsprechend gestaltet ist auch die alles verbindende Giebelwandbebauung, die die Verkehrswege minimiert und darüber hinaus als architektonische Klammer des ganzen Komplexes fungiert. Nur sieben Meter schmal, 20 Meter hoch und 120 Meter lang, besteht der neue Baukörper zu nahezu 100 Prozent aus Hauptnutzfläche. Der östlichste Riegel des Postscheckamtes hatte als Einbund großes Potential für Veränderungen: Der nun perforierten Brandwand wurde ein Baukörper vorgesetzt, in dem sich Zellenbüros befinden. Je nach Sonnenstand stellt sich die zweischichtige Fassade als dunkelgeschlossene Fläche oder als geheimnisvoller, sich durch die Bewegungen der Mitarbeiter ständig wandelnder Screen dar. Der hoch komplexe Mechanismus der Lamellen bewirkt eine Senkung des Energieverbrauchs und eine Klimatisierung des Büroriegels. Die äußere Schicht besteht aus Glaslamellen, die beweglich und mit einem schwarzen Umkehrpunktraster bedruckt sind. Diese lenken das diffuse Zenitlicht in die Büros, so dass je nach Tages- und Jahreszeit die künstliche Innenbeleuchtung angepasst werden kann. So werden etwa 15 Prozent Primärenergie – sonst notwendig zur

Platz vor dem Besucherzentrum
Open area outside the Visitors' Centre

Vorgesetzte Multifunktionshaut
Added multi-function curtain façade

›
Glaslamellen zur Licht- und Klimaregulierung
Glass slats for adjusting light and air-conditioning

glass with natural stone, though whereas the large windows in the Visitors' Centre stand symbolically for openness and transparency, the dark glass slats of the gable wall have air-conditioning and lighting functions. The stone of the façade is the same as on the entrance forecourt and the floor of the Visitors' cube: a muschelkalk limestone from Oberdorla. A conference centre was put in as the focal point of the cube. It can be divided into six separate sections as required. If all the rooms, each of them equipped with the latest technology, are opened up into a single room, then press conferences for up to 360 journalists can be held. In addition to the

Erzeugung der Innenraumbeleuchtung – eingespart.
Die innere Fassadenschicht besteht aus einer konventionellen, den Raumabschluss bildenden Pfosten-Riegel-
Konstruktion, deren Fenster individuell bedienbar sind.
Zwischen den beiden Hüllen ist in jedem Geschoss ein
Steg zur Reinigung und Wartung angeordnet. Hier befinden sich auch zwei kleine Absorptionskältemaschinen
mit jeweils 46 Kilowatt Kälteleistung, wobei sie ihre
Antriebsenergie von insgesamt 200 Vakuumröhren-
kollektoren beziehen, die auf dem Dach der Giebelwandbebauung angebracht sind. Diese Kollektoren bringen
an sonnigen Tagen ihre Höchstleistung – genau dann,
wenn die Energie zur Kälteerzeugung am notwendigsten
ist. Integraler Bestandteil des Klimakonzepts ist schließlich die Auskühlung der Räume in der Nacht. Sie trägt
zur Reduktion der Kühllasten bei, entsprechend ist die
äußere Glashülle nachts geöffnet.

BAUEN IM BESTAND

Bauen im Bestand ist neben den diversen technischen
Interventionen vor allem Kärrnerarbeit am Detail.
Neben einem vorsichtigen Sanieren, Restaurieren und
Reparieren wurden bedachtsam Übergänge zwischen
verschiedenen Höhenniveaus geschaffen – und vieles
ausdrücklich belassen. Zum Beispiel ganz ungewöhnliche Raumzuschnitte, großzügige Flure oder die

box, which can be completely walked round like a building
within a building, there is also a fully equipped television
studio, along with other rooms for journalists. The interior
is kept plain. Democracy is, above all, about work, and
only sometimes about showing off – that is the message
conveyed by the Visitors' Centre.

Similar design considerations applied to the gable
wall structure connecting everything together. It shortens
pedestrian flows and, in addition, pulls the whole complex
together architecturally. Only 7 metres wide, 20 metres
high and 120 metres long, the new corpus consists almost
100 per cent of usable space. The easternmost wing of
the Postal Cheque Office had great potential for changes
as a linking feature. Placed in front of the now perforated
firewall is a structure containing cubicle offices.
Depending on the state and position of the sun, the
two-level façade forms either a dark, closed surface or
a mysterious screen that constantly changes with the
movements of employees inside. The highly complex
mechanism of the slats enables the consumption of energy to be reduced and the block to be air-conditioned.
The outer layer consists of glass slats, which are movable
and printed with a black screen of reversible points.
These steer the diffuse, indirect sunlight into the offices,
so that, depending on the time of day and season of the
year, the artificial lighting inside can be adjusted. In this

Gitterstahl-Aufzüge in einigen Treppenhäusern, die man technisch natürlich auf den neuesten Stand brachte. Die alte Kassenhalle des Postscheckamtes war von einer beindruckenden, im Zweiten Weltkrieg jedoch zerstörten Kuppel überwölbt. Als Ersatz kam eine neue, etwas flachere, kreisrunde Glashaube zum Zuge, die in der Mitte eine kleine, wiederum durch ein Glasdach gedeckte Öffnung besitzt. Heute als sog. Briefingsaal für Journalisten dienend, wird in diesem äußerst großzügigen Raum der denkmalpflegerische Ansatz deutlich: Die erhaltenen Schmuckmosaiken an den Wänden sowie die mit Girlanden und Friesen verzierten Fensterrahmen wurden saniert und, wo nötig, ergänzt. Die achteckigen Pfeiler für die ehemalige Kuppel aber durch runde, zarte Betonstützen ersetzt. Auch die Dachlandschaft der Altbauten wurde rekonstruiert, wobei ein zweigeschossiger Raum für die neue Bibliothek in einem Querflügel des Postscheckamtes heraussprang, der die Lesenden sowohl an der geborgenen Atmosphäre eines alten Mansarddaches als auch an den Vorzügen von durch große Glasfenster gut belichteten Lesesaales teilhaben lässt.

Der Vorschlag für den Kopfbau der Markthalle war, den nur noch fragmentarisch erhaltenen Fassadenschmuck zu konservieren. Darüber sollten Fotografien

Glaskuppel in der zum Briefingsaal umgebauten ehemaligen Kassenhalle
Glass dome of the Briefing Room, converted from the former banking hall

›

Bibliothek im aufgestockten Dachgeschoss des ehemaligen Postscheckamtes
Library in the added attic floor of the former Postal Cheque Office

way, around 15 per cent of primary energy – otherwise necessary to generate the interior lighting – can be saved. The inner layer of the façade consists of a conventional post frame structure that ensures watertightness and whose windows can be adjusted individually. Between the two shells there is a walkway on every floor for cleaning and maintenance. Here, there are also two small absorption cooling plants, each of 46 kW cooling capacity, which get their operating power from a total of 200 vacuum tube collectors installed on the roof of the gable wall structure. These collectors work at maximum output on sunny days – precisely when the energy for

generating coolness is most necessary. An integral component of the air-conditioning concept is the cooling of the rooms at night. This contributes to the reduction of the cooling loads, and the external glass shell is therefore open at night.

BUILDING IN EXISTING BUILDINGS

Working on existing buildings is, along with the sundry technical interventions, mainly donkeywork on the detail. Beside careful refurbishing, restoring and repairing, transitions were carefully created between the various levels – and much was deliberately left as it was: very unusual room layouts, spacious corridors or old-fashioned lifts in some stairwells, for example, though they were, of course, brought technically up to date. The old banking hall of the Postal Cheque Office had once had an impressive dome, which was destroyed in World War II. A somewhat flatter, semicircular glass canopy was installed as a replacement, in the middle of which is a small aperture, again covered with a glass roof. Used nowadays as a briefing room for journalists, the conservation approach can be clearly appreciated in this very spacious room. The surviving decorative mosaics on the walls and window frames adorned with garlands and friezes were refurbished and, where necessary, made good. The octagonal piers of the former dome were replaced by slender, circular concrete supports. The roofscape of the old buildings was also reconstructed, though a two-storey room for the new library was installed in a transverse wing of the Postal Cheque Office, which allowed readers to enjoy not only the benefits of a reading room well lit by large glass windows but also the secure atmosphere of an old mansard roof.

The proposal for the front building of the market hall was to conserve the remaining fragments of the façade ornamentation. Above that, photographs of its pre-war condition were to be projected on a superimposed glass screen. The government conservation office approved of the idea, but representatives of the clients were more in favour of reconstruction. With the assistance of surviving pictorial material and pattern books from the second half of the 19th century, craftsmen managed to reproduce the ornaments, palmettes and window pediments. Whereas the look of yesteryear has been recreated in the front building of the market hall, the prefabricated office building in the south-east of the

des Vorkriegszustandes auf eine vorgeblendete Glasschicht projiziert werden. Der Landesdenkmalrat stimmte diesem Konzept zu, beim Bauherrn gewannen dagegen die Befürworter einer Rekonstruktion die Oberhand. Mithilfe des erhaltenen Bildmaterials und Musterbüchern aus der zweiten Hälfte des 19. Jahrhunderts gelang es den Handwerkern, Kopien der Ornamente, Palmetten und Fenstergiebel anzufertigen. Wenn sich beim Kopfbau der Markthalle die Anmutung von einst durchgesetzt hat, so ist der Büroplattenbau im Südosten des BPA-Areals heute kaum wiederzuerkennen. Im Inneren dagegen wurde behutsam saniert, in den Flurdecken wurden Bänder eingezogen, die indirektes Licht spenden und auch die historischen großzügigen Büros wurden, zur Freude der dort tätigen Mitarbeiter, belassen. Erhebliche Veränderungen erfuhr die Fassade: Verschwunden sind nun die historisierenden Fertigteil-Applikationen, stattdessen wurde die Außenhaut mit einer Thermohaut versehen und anschließend in Sienarot gestrichen. Die aus der Flucht springenden Fensterlaibungen aus Aluminium wurden zu einem akzentuierenden Fassadenrelief.

FAZIT

„Bauen im Bestand" – das kann auch für eine regierungsamtliche Architektur gelten, wobei aufgrund der viel

<

Detail rekonstruierter Fassadenschmuck
Detail of reconstructed façade ornamentation

Kopfbau der ehemaligen Markthalle nach Umnutzung
Front building of the former market hall, post-conversion

größeren Sensibilität äußerste Sorgfalt angewendet
und kenntnisreich entschieden werden muss. Das Vorhandene verstehen, das ihm innewohnende Potential
erkennen und nutzen, es in ein übergreifendes Konzept
integrieren – auch unter komplexen Bedingungen –
diese Vorgehensweise ist beim BPA zu erkennen. Das
Beispiel zeigt auch, dass ökologische Gesichtspunke
wie die Reduktion des Energieverbrauchs mithilfe
der heute zur Verfügung stehenden Technik optimal

Press Office area can scarcely be recognised now. The
interior, however, was carefully refurbished, strips were
inserted into the corridor ceilings to provide indirect
light, and, to the delight of the employees working there,
the spacious historic offices were retained. Considerable
changes were made to the façade: the reproduction
ready-made appliqués vanished and instead, the exter-
ior shell had a layer of insulation added and was finally
painted Sienna red. The projecting aluminium window
embrasures provided relief articulation for the façade.

SUMMARY
Making use of existing buildings can also be applied to
government buildings, but the much greater sensitivity
involved here requires the utmost care and well-informed
decision-making. The procedure of understanding the
existing building, recognising and using the latent qualities in it and fitting these into an overall concept – even
under complex conditions – can be followed at the Federal

berücksichtigt werden können. Neuen Anforderungen
zu genügen, alte Substanz zu bewahren und die Syn-
these von Alt und Neu in das bauliche Umfeld einzu-
gliedern, das alles wurde bei dem neuen Domizil des
Presse- und Informationsamtes der Bundesregierung
umgesetzt.

1 Siehe Meyer 1999; Baus 2000; Welzbacher 2000; Tietz 2001.
2 Vgl. Franik 2000.
3 Das Postscheckamt wechselte auch zu DDR-Zeiten nicht
seine Bestimmung. Nach der Wiedervereinigung ging es in den
Besitz der Deutschen Bundespost über.

Die überstehenden Fensterlaibungen strukturieren
die Fassade des Plattenbaus neu.
**The projecting window reveals restructure the façade
of the prefabricated building.**

>

Angefügter Büroriegel mit Medienfassade
Added office block with media façade

Press Office. The example also shows that ecological
considerations such as a reduction in energy consumption
can be optimally taken into account with the help of the
technology now at our disposal. Meeting new requirements, preserving old fabric and incorporating a synthesis
of old and new into the built environment were all successfully implemented in the new home of the Federal
Government's Press and Information Office.

1 See Meyer 1999; Baus 2000; Welzbacher 2000; TIETZ 2001
2 Cf. Franik 2000
3 The Postal Cheque Office retained its function even during East
German days. After the reunification of Germany, it passed into
the hands of the Deutsche Bundespost.

WEITERE REVITALISIERTE PROJEKTE (AUSWAHL)
FURTHER REVITALISED PROJECTS (SELECTION)

UMBAU UND ERWEITERUNG GÜRZENICH, KÖLN
BAUHERR Stadt Köln
BGF 18.400 m²
BRI 75.000 m²
FERTIGSTELLUNG 08/1997

GÜRZENICH CONVERSION AND EXTENSION, COLOGNE
CLIENT City of Cologne
GFS 18,400 m²
GV 75,000 m²
COMPLETED 08/1997

BIENENKORBHAUS CONVERSION AND EXTENSION,
FRANKFURT AM MAIN
CLIENT DIC AG
GFS 15,230 m²
GV 53,000 m²
COMPLETED 06/2009

BIBLIOTHEK DER HOCHSCHULE FÜR BILDENDE KÜNSTE,
BRAUNSCHWEIG
BAUHERR NILEG Norddeutsche Gesellschaft
für Landesentwicklung
BGF 2.170 m²
BRI 10.900 m²
FERTIGSTELLUNG 01/2002

LIBRARY, FINE ARTS COLLEGE, BRUNSWICK
CLIENT NILEG Norddeutsche Gesellschaft
für Landesentwicklung
GFS 2,170 m²
GV 10,900 m²
COMPLETED 01/2002

UMBAU UND ERWEITERUNG BIENENKORBHAUS,
FRANKFURT AM MAIN
BAUHERR DIC AG
BGF 15.230 m²
BRI 53.000 m²
FERTIGSTELLUNG 06/2009

PALAISQUARTIER, FRANKFURT AM MAIN
BAUHERR PalaisQuartier GmbH & Co. KG
GRUNDSTÜCKSFLÄCHE 17.500 m²
BGF 220.923 m²
BRI 971.519 m²
WETTBEWERB 10/2002, 1. Preis
FERTIGSTELLUNG 10/2009

PALAISQUARTIER, FRANKFURT AM MAIN
CLIENT PalaisQuartier GmbH & CO. KG
SITE AREA 17,500 m²
GFS 220,923 m²
GV 971,519 m²
COMPETITION 10/2002, 1st prize
COMPLETED 10/2009

BGF 21.600 m²
BRI 87.997 m³
WETTBEWERB 12/1999, 1. Preis
FERTIGSTELLUNG 04/2006

ST. JOSEFS HOSPITAL, POTSDAM
CLIENT St. Josefs Krankenhaus, Potsdam
CAPACITY 255 Beds
GFS 21,600 m²
GV 87.997 m³
COMMISIONED 12/1999, 1st prize
COMPLETED 04/2006

BUNDESAUSFÜHRUNGSBEHÖRDE FÜR
UNFALLVERSICHERUNG, WILHELMSHAFEN
BAUHERR Staatshochbauamt Wilhelmshaven
BGF 17.100 m²
BRI 65.000 m²
WETTBEWERB 10/1994, 1. Preis
FERTIGSTELLUNG 10/1999

GERMAN FEDERAL ACCIDENT INSURANCE AUTHORITY
CLIENT Staatshochbauamt Wilhelmshaven
GFS 17,100 m²
GV 65,000 m²
COMPETITION 10/1994, 1st prize
COMPLETED 10/1999

ST. JOSEFS KRANKENHAUS, POTSDAM
BAUHERR ST. JOSEFS KRANKENHAUS, POTSDAM
KAPAZITÄT 255 Betten

APARTMENTS BARBARASTRASSE 43, KÖLN
BAUHERR Metropol Wohnungsbaugesellschaft mbH
BGF 1.138 m²
BRI 3.176 m²
FERTIGSTELLUNG 05/2005

APARTMENTS AT 43 BARBARASTRASSE, COLOGNE
CLIENT Metropol Wohnungsbaugesellschaft mbH
GFS 1,138 m²
GV 3,176 m²
COMPLETED 05/2005

APOLLO THEATRE, SIEGEN
CLIENT City of Siegen
GFS 3,550 m²
GV 21,100 m²
COMPETITION 03/2004
COMPLETED 02/2007

PSYCHIATRISCHE KLINIK ST. HEDWIG, BERLIN
BAUHERR St. Hedwig Kliniken Berlin GmbH
KAPAZITÄT 4 Stationen à 25 Betten
BGF 7.550 m²
BRI 27.950 m²
WETTBEWERB 09/1999, 1. Preis
FERTIGSTELLUNG 03/2007

ST. HEDWIG PSYCHATRIC CLINIC, BERLIN
CLIENT St. Hedwig Kliniken Berlin GmbH
CAPACITY 4 wards, each with 25 beds
GFS 7,550 m²
GV 27,950 m²
COMPETITION 09/1999, 1st prize
COMPLETED 03/2007

APOLLO THEATER, SIEGEN
BAUHERR Stadt Siegen
BGF 3.550 m²
BRI 21.100 m²
WETTBEWERB 03/2004, 1. Preis
FERTIGSTELLUNG 02/2007

BIOGRAFIEN DER INTERVIEWPARTNER
BIOGRAPHIES OF THE INTERVIEW PARTNERS

DIETER BARTETZKO

* 1949
1977–1982 Studium der Kunstgeschichte, Germanistik und Soziologie in Frankfurt am Main, Berlin und Marburg
1983 Promotion mit einer Dissertation zum Thema Theatralik der NS-Architektur
1983–1993 freie Mitarbeit im Hessischen Rundfunk, bei Architekturfachzeitschriften und der *Frankfurter Rundschau*
1993–1994 Vertretungsprofessur Kunstgeschichte an der Fachhochschule Mainz
seit 1994 Architekturkritiker der *Frankfurter Allgemeinen Zeitung*
2004 Preis „Silberne Halbkugel", Deutsche Stiftung Denkmalschutz
2006 Preis für Architekturkritik des Bundes Deutscher Architekten (BDA)

STEPHAN BONE-WINKEL

* 1965
1984–1989 Studium der Betriebswirtschaftslehre an der Universität Köln
1990–1993 Wissenschaftlicher Assistent an der European Business School (ebs), Oestrich-Winkel
1994 Promotion zum Dr. rer. pol. mit der Arbeit „Das strategische Management von offenen Immobilienfonds"
1993–1996 Geschäftsführer der ebs-Immobilienakademie, Berlin
1996–1997 Deutsche Bank, Projektentwicklung in Berlin
seit 1997 Geschäftsführer der BEOS GmbH in Berlin
2003–2006 Inhaber des Stiftungslehrstuhls Immobilien-Projektentwicklung an der European Business School (ebs), Oestrich-Winkel
seit 2006 Honorarprofessor für Immobilien-Projektentwicklung an der Universität Regensburg, International Real Estate Business School (IRE | BS)
Herausgeber und Autor zahlreicher Publikationen zu den Themen Immobilieninvestition und Projektentwicklung

RAINER HEMPEL

* 1952
1973–1979 Bauingenieurstudium an der TU Braunschweig

DIETER BARTETZKO

* 1949
1977–1982 Studied the History of Art, German and Sociology in Frankfurt, Berlin and Marburg
1983 PhD on "Theatricality in Nazi Architecture"
1983–1993 External contributor to Hessischer Rundfunk, architectural journals and the *Frankfurter Rundschau*
1993–1994 Acting professor, History of Art, Mainz UAS
1994– Architectural critic of the *Frankfurter Allgemeine Zeitung*
2004 Winner of the Silberne Halbkugel Prize, Deutsche Stiftung Denkmalschutz
2006 Winner of the Bundes Deutscher Architekten (BDA) prize for architectural journalism

STEPHAN BONE-WINKEL

* 1965
1984–1989 Studied Business Management at the University of Cologne
1990–1993 Assistant lecturer at the European Business School (ebs), Oestrich-Winkel
1994 PhD (Dr. rer. pol.) thesis on "The Strategic Management of Open-Ended Property Funds"
1993–1996 MD of ebs-Immobilienakademie, Berlin
1996–1997 Deutsche Bank, project development in Berlin
Since 1997 MD of BEOS GmbH in Berlin
2003–2006 Holder of the Foundation Chair of Project Development at the European Business School (ebs), Oestrich-Winkel
Since September 2006 Honorary professor of Property Project Development at the International Real Estate Business School, University of Regensburg, (IRE | BS)
Editor and author of numerous publications on the subject of property investment and project development

RAINER HEMPEL

* 1952
1973–1979 Studied Civil Engineering at the Technical University, Brunswick
1979–1981 Stress analyst, Büro Dr. Rehr und Martin, Brunswick
1981–1986 Assistant lecturer, Department of Construction Analysis, Technical University, Brunswick

1979–1981 Statiker im Büro Dr. Rehr und Martin, Braunschweig
1981–1986 Wissenschaftlicher Mitarbeiter am Lehrstuhl
fur Hochbaustatik der TU Braunschweig
1981 Gründung des Ingenieurbüros Hempel & Partner
in Braunschweig
1986 Promotion zum Dr.-Ing. mit der Dissertation „Untersuchungen über Treiberscheinungen beim Injizieren von
Zementmörtel in historisches Gipsmauerwerk und über
die Verbundtragfähigkeit kurz verankerter Stahlnadeln"
1987–1989 Hochschulassistent an der TU Braunschweig
1989–1991 Professor an der Uni-Gesamthochschule
Siegen
1991 Eröffnung einer Niederlassung des Ingenieurbüros
Hempel & Partner in Bonn
seit 1991 Professor an der Fakultät für Architektur, FH
Köln
1998–2002 Dekan der Fakultät für Architektur, FH Köln
2004 Verlegung des Ingenieurbüros HIG Hempel Ingenieure GmbH nach Köln, Rheinauhafen

ULRICH HÖLLER

* 1966
1988–1991 Studium der Betriebswirtschaftslehre in
Mainz und Trier
1995–1996 Kontaktstudium Immobilienökonomie
1998 Intensivstudium Handelsimmobilien an der
European Business School (ebs), Oestrich-Winkel
Fellow of Royal Institution of Chartered Surveyors
(FRICS), London
1991–2000 Geschäftsführer einer bundesweit tätigen
Projektentwicklungsgruppe mit Sitz in Trier und Leipzig
2001–2004 Mitglied des Vorstands der Deutsche
Immobilien Chancen (DIC), Frankfurt am Main
seit 2004 CEO der Deutsche Immobilien Chancen
und der DIC Asset AG, Frankfurt am Main

ULRICH KRINGS

* 1942
1961–1978 Studium der Architektur, Kunstgeschichte,
Soziologie und der Klassischen Archäologie in
München und Freiburg im Breisgau
1978 Promotion zum Thema Deutsche Großstadtbahn-
höfe des Historismus

1981 Established Hempel & Partner engineering consul-
tancy in Brunswick
1986 PhD (Dr.-Ing.) thesis on "Investigations of Creep
Phenomena with the Injection of Cement-lime Mortar in
Historic Gypsum Masonry and the Adhesive Strength of
Short-stayed Steel Needles"
1987–1989 Assistant lecturer at the Technical
University, Brunswick
1989–1991 Professor at Siegen Comprehensive University
1991 Engineering consultants Hempel & Partner open an
office in Bonn
Since 1991 Professor at the Faculty of Architecture,
Cologne UAS
1998–2002 Dean of the Faculty of Architecture, Cologne
UAS
2004 Engineering consultants HIG Hempel Ingenieure
GmbH move to Rheinauhafen/Cologne

ULRICH HÖLLER

* 1966
1988–1991 Student of Business Studies in Mainz and Trier
1995–1996 Postgraduate refresher course in property
economics, and 1998 intensive course in retail property
at the European Business School (ebs), Oestrich-Winkel
Fellow of Royal Institution of Chartered Surveyors
(FRICS), London
1991–2000 MD of a national project development group
based in Trier and Leipzig
2001–2004 Director of Deutsche Immobilien Chancen
(DIC), Frankfurt
2004– CEO of Deutsche Immobilien Chancen and DIC
Asset AG, Frankfurt

ULRICH KRINGS

* 1942
1961–1978 Studied Architecture, the History of Art,
Classical Archaeology and Sociology in Munich and
Freiburg im Breisgau
1978 PhD thesis on "German Historicist-Style City
Stations"
1979–1990 Scientific Officer at City Conservation Office,
Cologne
1982–1984 Visiting lecturer on "The Care of Historic
Monuments" at the University of Düsseldorf

1979–1990 Wissenschaftlicher Referent beim Stadt-konservator Köln

1982–1984 Lehrauftrag „Denkmalpflege" an der Universität Düsseldorf

1991–2005 Stadtkonservator in Köln

1993–2001 Vorsitzender der Arbeitsgemeinschaft „Kommunale Denkmalpflege" des Deutschen Städtetages Veröffentlichungen zur Denkmalpflege in Köln und zur Architektur des 19. und 20. Jahrhunderts (u. a. Wieder- bzw. Neuaufbau der romanischen Kirchen und des Rathauses in Köln)

MICHAEL KUMMER

* 1949
Studium der Rechtswissenschaft, Philosophie und Baugeschichte in Marburg, Paris und Frankfurt am Main

1980–1981 Wissenschaftlicher Assistent an der Universität Frankfurt am Main

1981 Promotion zum Dr. jur. mit einer Dissertation zum Denkmalschutz

1981–1986 Landesamt für Denkmalpflege Hessen

1986–1989 Referatsleiter im Hessischen Ministerium für Wissenschaft und Kunst

1989–1999 Büroleiter des Planungsdezernenten der Stadt Frankfurt am Main

seit 1999 Leiter der Bauaufsicht, Frankfurt am Main, u.a. Mitglied des Deutschen Nationalkomitees für Denkmalschutz

REINHARD RIES

* 1956
1978–1986 Studium der Architektur an der TU Darmstadt

1986–1988 Ausbildung zum Brandassessor für den höheren feuerwehrtechnischen Dienst

1988–1993 Leiter für Personal, Einsatz und Rettungsdienst der Berufsfeuerwehr München

seit 1993 Direktor der Branddirektion, Frankfurt am Main

seit 1995 Dozent an den Hochschulen Frankfurt und Darmstadt und der TU Darmstadt

seit 2001 Geschäftsführer der Brandschutz-, Katastrophenschutz- und Rettungsdienstzentrum Grundstücksgesellschaft mbH

Auslandseinsätze als Experte, Koordinator oder Einsatzleiter für das Bundesministerium des Innern und

1991–2005 Curator at City Conservation Office, Cologne

1993–2001 Chairman of Communal Conservation working group at the DST (Association of German Cities) Publications on the care of historic monuments in Cologne and 19th/20th-century architecture (also reconstruction/ building of Romanesque churches and Town Hall in Cologne)

MICHAEL KUMMER

* 1949
Studied Jurisprudence, Philosophy and the History of Architecture in Marburg, Paris and Frankfurt

1980–1981 Assistant lecturer at the University of Frankfurt

1981 PhD (Dr. jur.) with a thesis on conservation

1981–1986 Government Conservation Office, Hesse

1986–1989 Departmental head, Ministry of Science and Art, Hesse

1989–1999 Office Manager, Planning Office, Frankfurt City Council

Since 1999 Head of Buildings Inspectorate, Frankfurt, member of the National Committee for Historic Monuments

REINHARD RIES

* 1956
1978–1986 Studied Architecture at the Technical University, Darmstadt

1986–1988 Trained as fire assessor, Fire Service

1988–1993 Head of HR, Deployment and Rescue, City Fire Service, Munich

Since 1993 Head of Fire Service, Frankfurt

Since 1995 Lecturer at colleges in Frankfurt and Darmstadt and Darmstadt Technical University.

Since 2001 MD of Brandschutz-, Katastrophenschutz- und Rettungsdienstzentrum Grundstücksgesellschaft mbH Engagements abroad as expert, coordinator or head of operations for the German Home Office and Foreign Office. Board member of the vfbd (Vereinigung zur Förderung des Deutschen Brandschutzes)

das Auswärtige Amt der Bundesrepublik Deutschland
Vorstandsmitglied in der vfbd (Vereinigung zur Förderung des Deutschen Brandschutzes)

SUSANNE-ERICA TRUMPFHELLER

1984–1991 Studium der Geologie und Paläontologie
in Mainz und Frankfurt am Main
1992–1993 Zusatzausbildung Technisches Umwelt-
management und Consulting
1993–1996 Projekt- und Abteilungsleiterin in einem international tätigen Ingenieurbüro, seit 1997 selbständig
seit November 2002 Geschäftsführerin der S. E.
Trumpfheller Gesellschaft für Umwelt-, Bau- und Geotechnik mbH
Zahlreiche technische Due Diligence-Prüfungen im In-
und Ausland sowie Untersuchungen, Sanierungs- und
Rückbauplanungen im Zusammenhang von Revitalisierungen (u. a. Hochhaus-Komplexe in Frankfurt am
Main, Köln, Hamburg, New York, Paris und London)

JÖRN WALTER

* 1957
1976–1982 Raumplanungsstudium an der Universität
Dortmund
1982–1984 Städtebau-Referendariat in Düsseldorf
1985–1991 Leiter des Amtes für Stadtentwicklung und
Umwelt der Stadt Maintal
1991–1999 Leiter des Stadtplanungsamtes Dresden
seit 1999 Oberbaudirektor der Hansestadt Hamburg
1997 Gastprofessur für städtebauliches Entwerfen an
der TU Wien
1998 Lehrauftrag für städtebauliches Entwerfen an der
TU Dresden
seit 2001 Professor an der Hochschule für bildende
Künste, Hamburg

SUSANNE-ERICA TRUMPFHELLER

1984–1991 Studied Geology and Palaeontology in Mainz
and Frankfurt
1992–1993 Additional training in technical environmental
management and consulting
1993–1996 Project and departmental head at a firm of
international engineering consultants
Since 1997 Freelance
Since November 2002 MD of S. E. Trumpfheller
Gesellschaft für Umwelt-, Bau- und Geotechnik mbH
Numerous technical due diligence surveys in Germany
and abroad, other surveys, involvement in reconstruction
schemes in connection with revitalisations (including
high-rise complexes in Frankfurt, Cologne, Hamburg,
New York, Paris and London)

JÖRN WALTER

* 1957
1976–1982 Studied Town and Country Planning at the
University of Dortmund
1982–1984 Urban Development Office in Düsseldorf
1985–1991 Head of Urban Development and the
Environment, Maintal
1991–1999 Head of the City Planning Office, Dresden
1997 Visiting professor, Urbanistic Design, Technical
University, Vienna
1998 Lecturer, Urbanistic Design, Technical University,
Dresden
Since 1999 Head of Construction Office, Hamburg
Since 2001 Professor at the College of Fine Arts,
Hamburg

LITERATURVERZEICHNIS
BIBLIOGRAPHY

Alexander, Matthias: „Alter Helaba-Turm im Bankenviertel erhält neues Gewand", in: *Frankfurter Allgemeine Zeitung*, 20. August 2003

Alexander, Matthias: „Konfusion in der Immobilienbranche", in: *Frankfurter Allgemeine Zeitung*, 2. Oktober 2007

Bartetzko, Dieter: „Mainhattan, zweiter Teil? Frankfurts neuer Hochhausboom", in: ders.: *»Franckfurth ist ein curioser Ort«. Streifzüge durch städtische Szenerien und Architekturen*, Frankfurt am Main/New York 1991

Bartetzko, Dieter (Hrsg.): *Sprung in die Moderne. Frankfurt am Main, die Stadt der 50er Jahre*, Frankfurt am Main/New York 1994

Barth, Arne: „Altbaubestand des Bundespresseamtes restauriert", in: *Bauwelt* 30–31/2000, S. 6

Baus, Ursula: „Politikvermittlung. Presse- und Informationsamt der Bundesregierung", in: *db Deutsche Bauzeitung* 5/2000, S. 88–91

Becker, Walther: „Immobiliengruppe DIC Asset zapft Aktionäre wieder an", in: *Börsen-Zeitung*, 28. November 2006

Benjamin, Walter: *Berliner Kindheit um Neunzehnhundert*, Frankfurt am Main 1977

Bloomberg TV: „Chefsache. Interview mit Metehan Sen, CEO Franconofurt AG", 17. Dezember 2007, 10.10–10.25 Uhr

Bodenbach, Christof : „Dern'sches Gelände, Wiesbaden", in: *Bauwelt* 4/1995, S. 143–144

Bohn, Thomas/Harlfinger, Thomas: „Objektentwicklung von Bestandsimmobilien", in: *LACER* 8 / 2003, S. 551–565

Bone-Winkel, Stephan: „Projektentwicklung im Bestand", in: *Planen im Bestand. Bauen für die Zukunft*, hrsg. von der Architekten- und Stadtplanerkammer Hessen, Wiesbaden 2005, S. 58–75

Bone-Winkel, Stephan/Pitschke, Christoph: „Handlungsoptionen für Developer und Banken vor dem Hintergrund der Neuen Baseler Eigenkapitalvereinbarung", in: *Zeitschrift für Immobilienökonomie*, 1/2005, S. 36–53

Brake, Daniela : „Zwei Gartentürme für Frankfurt. Umbau der ehemaligen Landesbank Hessen-Thüringen", in: *Umrisse* 5–6/2004, S. 56–57

Brauerbach, Frank-Olaf (Hrsg.): *Frankfurt am Main. Stadt, Soziologie und Kultur*, Frankfurt am Main 1991

Breuer, Ingeborg: „Ungeliebte Denkmale", in: Deutschlandfunk, Studiozeit – Aus Kultur- und Sozialwissenschaften, 17. Januar 2008 (www.dradio.de/dlf/sendungen/studiozeit-ks/726359/)

Bundesministerium für Verkehr, Bau- und Wohnungswesen: „Statusbericht Baukultur in Deutschland", bearb. von Gert Kähler, Berlin 2001 (www.bmvbs.de/architektur-baukultur/download/statusbericht.pdf)

Bundesministerium für Verkehr, Bau und Stadtentwicklung: „Bundesregierung setzt auf bessere Energieeffizienz", Pressemitteilung, Nr. 094/2007, 20. April 2007

Bundesministerium für Verkehr, Bau und Stadtentwicklung: „Bundesbauministerium startet ‚Immobilienwirtschaftlichen Dialog', Pressemitteilung, Nr. 336/2007, 6. November 2007

Die Bundesregierung: *Perspektiven für Deutschland. Unsere Strategie für eine nachhaltige Entwicklung*, Berlin, Dezember 2001

Bundesverband deutscher Banken (Hrsg.): *Bankinternes Rating mittelständischer Kreditnehmer im Zuge von Basel II*, Berlin 2005

Bundesverband Öffentlicher Banken Deutschlands (VÖB): *VÖB-Immobilien-Analyse. Instrument zur Beurteilung des Chance-/ Risikoprofils von Immobilien*, Berlin 2006

Butter, Andreas/Hartung, Ulrich: *Ostmoderne. Architektur in Berlin 1945–1965*, 2. Aufl., Berlin 2005

Cuadra, Manuel/Baus, Ursula: „Überzeugend. Entwerfen, Managen, Detaillieren und Bauen – ein Gespräch mit Jürgen Engel", in: *db Deutsche Bauzeitung* 9/1994, S. 98–105

Dahlkamp, Jürgen: „Preisgekrönter Reißversuch im Schwergewicht. Der Turm der Hessischen Landesbank", in: Detlev Janik (Hrsg.): *Hochhäuser in Frankfurt. Wettlauf zu den Wolken*, Frankfurt am Main 1995

Dilger, Thomas (Hrsg.): *Architektur und Städtebau in Wiesbaden nach 1945. Ein Architekturführer*, Heidelberg 1995

Dorma Story: Stationen einer Entwicklung 1908 – 1998, Ennepetal 1998

Durth, Werner: *Deutsche Architekten. Biographische Verflechtungen 1900–1970*, München 1992

Emnet, Birgit: „Das rote Wellendach als Markenzeichen", in: *Wiesbadener Kurier*, 28. Oktober 1999

Fischer, Volker: „Stadtumbau in den 90er Jahren am Beispiel Frankfurts", in: *Archigrad – Planen und Bauen am 50. Breitengrad* 4/1995

Franik, André: „29. Januar 1917: Das Postscheckamt Dorotheenstraße/ Reichstagsufer wird eröffnet", in: *Berlinische Monatsschrift* 1/2000

Frankfurter Neue Presse: „Frankfurter stürmen ihre Bücherei", 21. September 2007. S. 29

Frankfurter Rundschau: „Platten-Bau-Pleite", 2. Februar 2000, S. 46

Friedemann, Jens: „Der Energieausweis kommt", in: *Frankfurter Allgemeine Zeitung*, 28. Dezember 2007, S. 43

Fußbroich, Helmut/Holthausen, Dierk: *Architekturführer Köln. Profane Architektur nach 1900*, Köln 1997

Gahr, Peter/Wünschmann, Anke/Hempel, Rainer: „Fokus – Sanierung und Aufstockung des Dorma-Verwaltungsgebäudes in Ennepetal", in: *Baumeister* 10/2004, S. 28–32

GdW Bundesverband deutscher Wohnungsunternehmen: „Mögliche Auswirkungen von Basel II auf die Wohnungs- und Immobilienwirtschaft", März 2002 (*GdW Papiere* 58)

GdW Bundesverband deutscher Wohnungsunternehmen: „Mögliche Auswirkungen von Basel II auf die Wohnungs- und Immobilienwirtschaft", September 2002 (*GdW Papiere* 58 a)

Göpfert, Claus-Jürgen: „Quantensprung in die Hasengasse", in: *Frankfurter Rundschau*, 20. September 2007

Harlfinger, Thomas: „Referenzmodell zum Redevelopment von Bürobestandsimmobilien", Diss., Universität Leipzig 2006

Harlfinger, Thomas/Wünsche, Annett: „Nutzungsflexibilität bei der Revitalisierung von Bestandsimmobilien", in: *LACER* 8/2003, S. 573–578

Harlfinger, Thomas/Richter, Dirk: „Objektentwicklung von Bestandsimmobilien. Potenzialbestimmende Faktoren", in: *LACER* 9/2004, S. 77–84

Holl, Christian: *Dorma Hauptverwaltung, Ennepetal (Die Neuen Architekturführer 65)*, Berlin 2005

Hönighaus, Reinhard: „Ulrich Höller – Der Haus-Meister", in: *Financial Times Deutschland*, 28. September 2007

Immobilien Zeitung: „Kredite fließen zu 78 % in Bestandsgebäude", 30. August 2007, S. 21

Jones Lang LaSalle (JLL): „Leitzins ,on hold'. Kreditklemme eröffnet aber neue Investitionschancen für eigenkapitalorientierte Investoren", Pressemitteilung, 7. September 2007

Jonak, Ulf: *Die Frankfurter Skyline*, Frankfurt am Main/New York 1997

Kaltenbrunner, Robert: „Die Rückkehr der Geschichte", in: *Frankfurter Rundschau*, 8. Januar 2008

Klass, Gert von: *125 Jahre Berlinische Lebensversicherung Aktiengesellschaft*, Berlin/Wiesbaden 1961

Klinger, Franz/Müller, Michael (Hrsg.): *Basel II & Immobilien. Herausforderung für die Immobilienfinanzierung*, Berlin 2004

Knoll, Thorsten: *Berliner Markthallen*, Berlin 1994

Kohler, Nikolaus: „Modelle und Lebenszyklus des Gebäudebestandes", in: *Umbau. Über die Zukunft des Baubestandes*, hrsg. von Uta Hassler, Nikolaus Kohler und Wilfried Wang, Tübingen 1999, S. 24–38

Krimmel, Bernd/Krimmel Elisabeth: *Novotny-Mähner-Assoziierte. Architektur aus fünf Jahrzehnten*, Stuttgart/Zürich 1997

Labusch, Dirk: „Das Bewusstsein steigt. Ein Gespräch mit Alma Rieder und Prof. Stephan Bone-Winkel", in: *Immobilienwirtschaft*, 12/2004–1/2005, S. 14

Lampugnani, Vittorio Magnago: „Die Modernität des Dauerhaften. Essays zu Stadt, Architektur und Design" (*Kleine kulturwissenschaftliche Bibliothek 51*), Berlin 1995

Lederer, M.-Maximilian (Hrsg.): *Redevelopment von Bestandsimmobilien. Planung, Steuerung und Bauen im Bestand*, Berlin 2007

Lerner, Franz: *Frankfurt am Main und seine Wirtschaft. Wiederaufbau seit 1945*, Frankfurt am Main 1958

Leser, Petra: „Der Kölner Architekt Clemens Klotz (1886–1969)", Diss., Universität Köln 1989 (*Veröffentlichungen der Abteilung Architekturgeschichte des Kunsthistorischen Instituts der Universität zu Köln 41*), Köln 1991

Lieb, Stefanie/Zimmermann, Petra Sophia (Hrsg.): *Die Dynamik der 50er Jahre. Architektur und Städtebau in Köln*, Ausst.-Kat. Rathaus Spanischer Bau, Köln, Petersberg 2007

Lieser, Peter/Keil, Roger: „Zitadelle und Getto. Modell Weltstadt", in: *Das neue Frankfurt. Städtebau und Architektur im Modernisierungsprozess 1925–1988*, hrsg. von Walter Prigge und Hans-Peter Schwarz, Frankfurt am Main 1988, S. 183–208

Lindemann, Andreas: *Die Markthallen Berlins*, Berlin 1899

Lorenz, David Philipp: „The application of sustainable development principles to the theory and practice of property valuation", Diss., Universität Karlsruhe (*Karlsruher Schriften zur Bau-, Wohnungs- und Immobilienwirtschaft 1*), Karlsruhe 2006

Lorenz, David. P.: „Nachhaltige Entwicklung in der Immobilienwirtschaft und die besondere Rolle der Immobilienwertermittlung", in: *Zeitschrift für immobilienwirtschaftliche Forschung und Praxis*, 23. Februar 2007, S. 6–8

Lützkendorf, Thomas/Lorenz, David P./Thöne, Christian: "Socially Responsible Investment im Immobiliensektor. Wo bleiben nachhaltige Immobilieninvestmentprodukte?", in: *Jahrbuch geschlossene Fonds* 2005/2006

Lützkendorf, Thomas/David P. Lorenz: „Nachhaltigkeitsorientierte Investments im Immobilienbereich. Trends, Theorie und Typologie.

Proceedings of the 10th Symposium on Finance, Banking, and Insurance", Universität Karlsruhe, 14.–16. Dezember 2005

Lützkendorf, Thomas/Lorenz, David/Kertes, Jürgen: *Gestaltung und Nutzung des Basel-II-konformen Objekt-Rating für eine kostengünstige Finanzierung qualitativ hochwertiger und ökologisch vorteilhafter Neubau- und Sanierungsprojekte im Wohnungsbau*, Stuttgart 2007

Maak, Niklas: „Endlich Gegenwart!", in: *Frankfurter Allgemeine Sonntagszeitung*, 30. Dezember 2007

Meyer, Ulf: „Das Bundespresseamt", in: *Bauwelt* 10/1999, S. 482–487

Michels, Claudia: „Ein Marktplatz der Bücherfreunde", in: *Frankfurter Rundschau*, 30. August 2006

Müller-Gerbes, Heidi: „Geschenk mit 45 Millionen Mark Folgekosten", in: *Frankfurter Allgemeine Zeitung*, 9. März 1999

Müller-Gerbes, Heidi: „Friedliches Nebeneinander von Flöte und Trompete", in: *Frankfurter Allgemeine Zeitung*, 25. Januar 2000

Müller-Räemisch, Hans-Reiner: *Frankfurt am Main. Stadtentwicklung und Planungsgeschichte seit 1945*, Frankfurt am Main/New York 1996

Murr, Günter: „Frankfurts bunte Bücherwelt", in: *Frankfurter Neue Presse*, 19. September 2007

Nerdinger, Winfried/Florschütz, Inez (Hrsg.): *Architektur der Wunderkinder. Aufbruch und Verdrängung in Bayern 1945–1960*, Ausst.-Kat. Architekturmuseum der TU München in der Pinakothek der Moderne, München, Salzburg 2005

Nerdinger, Winfried: „Wiederaufbau in Westdeutschland zwischen Rekonstruktion und tabula rasa", in: *Feindbild Geschichte. Positionen der Architektur und Kunst im 20. Jahrhundert*, hrsg. von Helmut Gebhard und Willibald Sauerländer (*Kleine Bibliothek der Bayerischen Akademie der Schönen Künste 2*), Göttingen 2007, S. 165–195

Pfnür, Andreas: „Vom Schlagwort zum Konzept. In Deutschland entsteht derzeit ein Markt für immobilienwirtschaftliche Dienstleistungen", in: *Plan* 2/2007, S. 20–22

Radermacher, Markus/Kummer, Michael: „Wenn mitten in den Städten Bürogebäude in Wohnungen umgewandelt werden", in: *Frankfurter Allgemeine Zeitung*, 16. Februar 2007, S. 43

REITs in Deutschland: „Große Last für den Aktienkurs, geringes Risiko fürs Geschäft", 16. August 2007

Riebsamen, Hans: „Ein Paradies für Bücher und Leser", in: *Frankfurter Allgemeine Zeitung*, 19. September 2007, S. 54 [Riebsamen 2007 a]

Riebsamen, Hans: „Babel an der Hasengasse", in: *Frankfurter Allgemeine Zeitung*, 20. September 2007, S. 48 [Riebsamen 2007 b]

Rimpl, Herbert: *Die geistigen Grundlagen der Baukunst unserer Zeit*, München 1953

Rimpl, Herbert: *Verwaltungsbauten. Organisation Entwurf Konstruktion. Ausgeführte Bauten und Projekte*, Berlin 1959

Rindt, Erich: *Die Markthallen als Faktor des Berliner Wirtschaftslebens*, Berlin 1928

Ringel, Johannes/Bohn, Thomas/Harlfinger, Thomas: „Objektentwicklung im Bestand – aktive Stadtentwicklung und Potenziale für die Immobilienwirtschaft!?", in: *Zeitschrift für Immobilienwirtschaft* 1/2004, S. 45–52

Ringel, Johannes/Harlfinger, Thomas: Workshop „Leitfaden für Nachhaltiges Bauen im Gebäudebestand", in: *LACER* 8/2003, S. 579–586

Rötzer, Florian: „Eine feste Burg. Über Vittorio Magnago Lampugnanis ‚Die Modernität des Dauerhaften'", in: *Telepolis* 1996 (www.heise.de/tp/r4/artikel/6/6024/1.html)

Rohmert, Werner: „Jones Lang LaSalle: Der deutsche Immobilienmarkt 2007", in: *Der Immobilienbrief*, Sonderausgabe, 19. Dezember 2007, S. 4–5

Royal Institution of Chartered Surveyors (RICS): „RICS erwartet Stagnation bei gewerblichen Immobilieninvestments durch Kreditkrise in Europa", Pressemitteilung, 3. Dezember 2007 (Homepage RICS Europe)

Royal Institution of Chartered Surveyors (Hrsg.): "Green Value. Green buildings, growing assets", London 2005 (Homepage RICS)

Russ, Sigrid (Bearb.): *Kulturdenkmäler in Hessen. Wiesbaden I.1*, hrsg. vom Landesamt für Denkmalpflege Hessen (Denkmaltopographie Bundesrepublik Deutschland), Stuttgart 2005

Rust, Volker: „Runde Ecke in der Innenstadt", in: *Immobilienmanager Edition Köln*, 7–8/2007, S. 27

Santifaller, Enrico: „Steht das Zürich-Haus schief? Frankfurter Skyline in der Pubertät", in: *Sprung in die Moderne. Frankfurt am Main, die Stadt der 50er Jahre*, hrsg. von Dieter Bartetzko, Frankfurt am Main/New York 1994

Schubert, Franziska: „Buch für Buch. Die zentrale Stadtbibliothek zieht von der Zeil in die Hasengasse", in: *Frankfurter Rundschau*, 14. August 2007 [Schubert 2007 a]

Schubert, Franziska: „Run auf die Medien", in: *Frankfurter Rundschau*, 5. Oktober 2007 [Schubert 2007 b]

Schulte, Karl-Werner/Bone-Winkel, Stephan: *Handbuch der Immobilien-Projektentwicklung*, 2. Aufl., Köln 2002

Schwaiger, Bärbel: „Modellierung von Gebäudebeständen", Diss., TU Karlsruhe 2002

Sollich, Jo: „Herbert Rimpl. Eine Architektenbiographie", Diss., TU Berlin (erscheint 2008)

The European Group of Valuers' Associations (TEGoVA): *Europäische Verbriefung von Hypothekenforderungen. Ein Leitfaden für Gutachter*, London 2002 (www.tegova.de/MBS.pdf)

The European Group of Valuers' Associations (TEGoVA): *European Property and Market Rating. A Valuer's Guide*, London 2003 (www.tegova.de/PropertyMarketRating.pdf)

Tietz, Jürgen: „Interpretieren statt Rekonstruieren", in: *db Deutsche Bauzeitung* 10/1999, S. 20

Tietz, Jürgen: *Berliner Verwandlungen. Hauptstadt/Architektur/Denkmal*, Berlin 2001, S. 102–124

Tietz, Jürgen: „Auf diese Moderne können Sie bauen", in: *Tagesspiegel*, 27. April 2007

Urban Land Institute und PricewaterhouseCoopers: *Emerging Trends in Real Estate Europe* 2007, London 2007, S. 5

VDHS Special: *Globale Immobilienzyklen. Konsequenzen von Basel II auf die Immobilienmärkte*, Nr. 2, Oktober 2001

Vogdt, Frank: „Bewertung der Nachhaltigkeit von baulichen Maßnahmen. Erstbewertung entsprechend des Leitfadens Nachhaltiges Bauen", Vortrag bei der 19. Tagung der Arbeitsgruppe der mittel-, ost- und südeuropäischen Staaten (MOE) „Instandsetzung und Modernisierung des Gebäudebestandes" zum Thema „Wege zum nachhaltigen Bauen und Modernisieren", 5. November 2002 in

Berlin (www.iemb.de/moe/moe19/nachhaltigkeit.pdf)

Vogdt, Frank: „Nachhaltiges Modernisieren im Gebäudebestand. Ansatz und Prinzipien", Vortrag bei der deutsch-russischen Sanierungskonferenz Halle an der Saale, 26./27. Februar 2004 (www.iemb.de/veranstaltungen/dokumentationen/040226_drks_n ach-mod.pdf) [Vogdt 2004 a]

Vogdt, Frank: „Bauen in der Zukunft heißt Bauen im Bestand", Vortrag bei den Celler Werktagen, 15. September 2004 (www.iemb.de/veranstaltungen/dokumentationen/040915_hein ze_bib.pdf) [Vogdt 2004 b]

Wagner, Jens-Christian: „Der Fall Lübke", in: *Die Zeit*, 19. Juli 2007

Wegener, Ernst: „Zur Eröffnung kam Rockefeller – die Chase Manhattan-Zentrale", in: *Hochhäuser in Frankfurt. Wettlauf zu den Wolken*, hrsg. von Detlev Janik, Frankfurt am Main 1995

Weiss, Klaus Dieter: „Protesterfolg. Entgleiste Nadelstreifen", in: *german-architects.com*, 12. Dezember 2007 (german.magazin-world-architects.com/de_07_50_onlinemagazin_protesterfolg_de.html)

Die Welt: „Immobilien im Wert vom 50 Milliarden Euro auf Verkaufslisten", 6. Oktober 2005, S. 23

Welzbacher, Christian: „Schaufenster der Mediendemokratie", in: *Synthesen – ergänzen, verwandeln, erneuern. Das Presse- und Informationsamt der Bundesregierung*, Berlin 2000

Werth, Hans-Jörg: „Bauen im Bestand – ein unpopulärer Zukunftsmarkt", in: *Immobilienwirtschaft* 12/2004–1/2005, S. 7–9

Werth, Hans-Jörg: „Ökologie ist profitabel. Ein Gespräch mit David Lorenz und Thomas Lützkendorf", in: *Immobilienwirtschaft* 9/2007, S. 16–17

Wiedenmann, Markus: „Risikomanagement bei der Immobilien-Projektentwicklung unter besonderer Berücksichtigung der Risikoanalyse und Risikoquantifizierung", Diss., Universität Leipzig 2005

Wiederspahn, Michael: „Herbert Rimpl", in: *Baukultur* 6/1992, S. 20–22

Wiesbadener Kurier: „Im Stadtkern steht ein neuer Riese. Heute wird das Hauptverwaltungsgebäude der Berlinischen Lebensversicherung AG seiner Bestimmung übergeben", 31. August 1956

Wiesbadener Kurier: „Prüfer an Wiesbadens ‚Plattenbau'", 19. November 1999

Wiesbadener Kurier: „Der schöne Saal hat einen zu hohen Preis", 30. Dezember 1999

Wiesbadener Leben. Die Monatszeitschrift für unsere Stadt Wiesbaden: „Das Dekret des Königs. Die Police Hindenburgs – Wiesbaden ist um einen Großbau reicher – Aus der Geschichte der ‚Berlinischen Lebensversicherung A. G.', die ihr neues Haus bezog", 4. Jg.

Wünschmann, Anke: „Ein neues Zeichen. Die Dorma-Hauptverwaltung in Ennepetal", in: *Umrisse* 4/2004, S. 34–35

Zentraler Immobilien Ausschuss (ZIA): „Immobilienunternehmen sehen Finanzkrise als Chance", Pressemitteilung, 31. August 2007

Zentraler Immobilien Ausschuss (ZIA): „Immobilienmarkt Deutschland nicht von der US-Krise betroffen", Pressemitteilung, 7. August 2007

Zimmermann, Petra Sophia: „Bauhistorisches Gutachten, Dischhaus, Brückenstraße 19, Köln-Altstadt", unveröff. Manuskript, Köln 2006

Umschlag | Cover: Oberlichter, Zentralbibliothek der Stadtbücherei, Frankfurt am Main, s. S. 118 | Skylights, Central Municipal Library, Frankfurt am Main, see p. 118
Seite 2 | p. 2: Erweiterung, Psychiatrische Klinik St. Hedwig, Berlin, s. S. 160 | Addition, St. Hedwig psychiatric clinic, Berlin, see. p. 160

© Prestel Verlag
München · Berlin · London · New York 2008

Prestel Verlag
Königinstraße 9
80539 München
Tel. +49 (0)89 24 29 08-300
Fax +49 (0)89 24 29 08-335
www.prestel.de

Prestel Publishing Ltd.
4 Bloomsbury Place
London WC1A 2QA
Tel. +44 (0)20 7323-5004
Fax +44 (0)20 7636-8004

Prestel Publishing
900 Broadway, Suite 603
New York, N.Y. 10003
Tel. +1 (212) 995-2720
Fax +1 (212) 995-2733

www.prestel.com

Prestel books are available worldwide. Please contact your nearest bookseller or one of the above addresses for information concerning your local distributor.

Library of Congress Control Number: 2008929083

Die Deutsche Nationalbibliothek verzeichnet diese Publikation in der Deutschen Nationalbibliografie; detaillierte bibliografische Daten sind im Internet über http://dnb.ddb.de abrufbar.

British Library Cataloguing-in-Publication Data: a catalogue record for this book is available from the British Library. The Deutsche Bibliothek holds a record of this publication in the Deutsche National-bibliografie; detailed bibliographical data can be found under: http://dnb.ddb.de

BILDNACHWEIS | PHOTO CREDITS

Aldinger & Wolf, Stuttgart S. | p. 159; Amtschronik des Postscheckamtes Berlin, 1952, Museum für Kommunikation, Berlin S. | p. 146; Bildarchiv Foto Marburg S. | p. 100; Uwe Brodmann, Braunschweig S. | pp. 90, 93, 94; DORMA GmbH Co. KG, Ennepetal S. | p. 45; Hessisches Landesamt für Bodenmanagement und Geoinformation S. | p. 58; Werner Huthmacher, Berlin S. | pp. 2, 160; Institut für Stadtgeschichte, Frankfurt am Main S. | pp. 48, 116, 130; KSP Engel und Zimmermann Architekten S. | pp. 36, 158; Robert Göllner, Frankfurt am Main S. | p. 92; Stephan Klonk, Berlin S. | pp. 148, 156; Landesarchiv Berlin S. | p. 146; Klemens Ortmeyer, Braunschweig S. | pp. 68, 147, 158; Presse- und Informationsamt der Bundesregierung, Berlin S. | p. 146; Achim Reissner, Hofheim S. | pp. 46, 51, 52, 53, 54, 55, 57, 63, 67; Rheinisches Bildarchiv, Köln S. | p. 106; Stefan Schilling, Köln S. | pp. 8, 34, 37, 38, 41, 43, 44, 45, 56, 60, 62, 65, 98, 102, 103, 104, 107, 109, 110, 111, 113, 128, 131, 133, 160; Frank Springer, Bielefeld S. | pp. 151; Stadtarchiv, Wiesbaden S. | p. 59; Lars Stapler, Frankfurt am Main S. | pp. 13, 14, 15; Friedemann Steinhausen, Potsdam S. | pp. 26, 144, 152, 153, 154, 155, 158, 159; Jean-Luc Valentin, Frankfurt am Main S. | pp. 114, 117, 118, 121, 123, 124, 126, 127; Jens Willebrand, Köln S. | pp. 134, 158; Anke Wünsch-mann, Frankfurt am Main S. | pp. 9, 10, 11, 17, 18, 19, 21, 22, 25, 69, 70, 73, 75, 76, 77, 79, 81, 135, 136, 139, 140, 141, 142

Übersetzung | Translation: Paul Aston
Konzept und Idee | Concept and idea:
Enrico Santifaller, Anke Wünschmann
Koordination, Redaktion | Coordination, editing:
Anke Wünschmann

Projektleitung | Editorial direction: Curt Holtz
Lektorat | Copy-editing: Petra Böttcher, Leipzig
Danko Szabó, München
Design: WIGEL, München
Herstellung | Production: Astrid Wedemeyer,
Simone Zeeb
Repro | Origination: Repro Ludwig, Zell am See
Druck und Bindung | Printing and binding: Tlaciarne
Banská Bystrica

Printed on acid-free paper

ISBN 978-3-7913-4032-6